Hianznbiachl 2020

ISBN 978-3-9504608-2-7
Gedruckt mit Förderung des Landes Burgenland
© 2019 Herausgeber und Verleger: Burgenländisch-Hianzische Gesellschaft, Oberschützen

www.hianzenverein.at
Redaktion: Doris Seel, Roswitha Irran
Entwurf & Layout: RABOLD UND CO., www.rabold.at
Fotos: Sepp Gmasz, Regina Muhr, Gerhard Posch, Christian Ringbauer, Dietmar Sagmeister,
Peter Sattler, Doris Seel, Gertrude Unger, Shutterstock
Druck: Schmidbauer, Oberwart

Hianznbiachl

ins Dorf einischaun

inhaltsverzeichnis

4

Ollahaound Gschichtln und Gedichtln

Geschichten aus dem Hianzenverein

Geschichten aus dem Land

Lostage & Bauernregeln

Anhang

Za guida Leitzt

Liebe Leserinnen und Leser, *liabe Hianznlait!*

Und wieder halten Sie ein handliches Büchlein in Händen, geschmackvoll bebildert und mit einem praktischen Kalendarium, zum Herausnehmen, versehen. Ein Querschnitt aus dem vielfältigen Leben aus dem Burgenland erwartet Sie und eine fantasievolle Welt tut sich auf. Altes Brauchtum sehen wir zum Leben erweckt und eindringliche Bilder entstehen vor unserem geistigen Auge. Wir erinnern uns an unsere Kindheit und werden mit der aktuellen Wirklichkeit konfrontiert.

Rhythmisch gereimte Gedichte und allerlei Geschichten zeigen uns das pralle Leben auf dem Lande. Und weil die Hianzen immer schon ihre Freude am *Hianzln und Fianzln* hatten, machten ihre Bemerkungen auch vor den Nachbardörfern nicht halt: liebevoll-spöttische Neckereien von Dorf zu Dorf dienten der Unterhaltung: die Tratsch und Klatsch-Börse von damals als Social Media (ohne das allgegenwärtige Handy als technisches Hilfsmittel). Das vorliegende Hianzbiachl gibt bereits einige Einblicke in unser großes Buchprojekt über die „Orts-Neckereien" aller Dörfer im Burgenland im nächsten Jahr. Es wird rechtzeitig zum 100 Jahr-Jubiläum des Burgenlandes erscheinen, mit heiteren Wieder-Entdeckungen der alten Spottnamen aller burgenländischen Orte.

Jetzt aber sollten Sie sich von unserem aktuellen *Hianznbiachl* verführen lassen und eindringen in eine vergangen geglaubte Welt, die immer wieder in unsere reale, moderne Welt auftaucht und uns erinnert, dass sich in unserem menschlichen Dasein nicht wirklich viel ändert: nur die äußeren Umstände um uns herum sind es, die das Leben abwechslungsreich und spannend gestalten.

Viel Spaß und Vergnügen beim Lesen!
Mit einem herzlichen *Tuitsnatuits!*

Ihr Erwin Schranz

Burgenland –
Land der Dörfer

Die Entwicklung des burgenländischen Dorfes im Spannungsfeld von Landschaft, Wirtschaft und Gesellschaft

von Walter Dujmovits

Die Erdoberfläche ist der Lebensraum des Menschen. Um seine Lebensgrundlagen zu verbessern, muss er diesen dauernd verändern. Ändert der Mensch die Wirtschaft eines Raumes, ändert sich konsequent auch die Gesellschaft, ändert er die gesellschaftlichen Strukturen, so hat dies wieder wirtschaftliche Konsequenzen. In beiden Fällen führt dies zur sichtbaren Veränderung in der Landschaft. Die Veränderung kann beispielsweise vom wirtschaftlichen Bereich (Errichtung eines Industriewerkes am Rande des Dorfes), vom gesellschaftlichen (höhere Schulbildung bei Bauernkindern) oder vom landschaftlichen Bereich (Bau einer Umfahrungsstraße) ausgehen. In entwickelten und stark strukturierten Gebieten geht die Entwicklung zunehmend von der Landschaft aus, was stets wieder einen gesellschaftlichen und wirtschaftlichen Strukturwandel auslöst.

1. Das burgenländische Dorf
Das alte Dorf

Frühere Formen des Dorfes vergangener Jahrzehnte hatten deutlich erkennbare wirtschaftliche und gesellschaftliche Strukturen, die aufeinander abgestimmt waren. Sie schlugen sich auch im Siedlungsbild nieder.

Im alten burgenländischen Dorf gab es eine soziologische Oberschicht (Dorfintelligenz), eine Mittelschicht (Bauern, Kleingewerbe) und eine Unterschicht (Tagelöhner, Landarbeiter ohne Grundbesitz, „Zugereiste").

Zur Oberschicht gehörte das Dreigestirn Lehrer – Pfarrer – Notär (=Gemeindeamtmann), eventuell auch ein Arzt. Sie allein hatten das Sagen und bestimmten, was hunderte Mitbewohner zu tun hatten. Die Unterschicht hatte überhaupt keinen Einfluss, so groß ihre Zahl auch war.

Diese vertikale Sozialstruktur fand ihren Niederschlag in der horizontalen Siedlungsstruktur: In der attraktiven Dorfmitte standen der Pfarrhof, das Schulhaus und das Gemeindehaus. Um diesen Ortskern siedelten im weiten Umkreis die

Bauern. Erst am Dorfrand fanden sich die Behausungen der Unterprivilegierten. Eine Sonderstellung nahmen der Wirt und der Müller ein. Sie zählten zwar nicht zur Oberschicht, waren ihnen aber in jeweils einem Punkt ebenbürtig, wenn nicht sogar überlegen. Der Wirt hatte wegen seiner durchziehenden Gäste oft frühere und bessere Informationen als der Lehrer und der Pfarrer, die ins Wirtshaus gehen mussten, um zu diesen Informationen zu gelangen. Dort waren sie ihrerseits wieder Informationsgeber für die Nachkommenden. Der Müller wieder hatte Vermögen und ansehnliches Bargeld, konnte daher auf diesem Gebiet mit der Oberschicht leicht mithalten.

So ergab es sich von selbst, dass auch das Wirtshaus seinen Platz in der attraktiven Dorfmitte einnahm. Nur der Müller musste am Bach wohnen.

Diese Strukturen gab es vor allem im Süd- und Mittelburgenland. Sie entstanden im Zuge der Bauernbefreiung und dauerten ziemlich genau hundert Jahre (1850-1950).

Vergesellschaftung des Dorfes

Die nach 1950 einsetzende Entwicklung führte zur gesellschaftlichen Reduktion der Oberschicht und zu einem Aufstieg der Unterschicht mit dem Ergebnis, dass das Dorf heute im wesentlichen nur aus einer Mittelschicht besteht, in welcher die einzelnen Stände nicht mehr voneinander zu unterscheiden sind, was früher hinsichtlich Kleidung, Nahrung, Wohnung, Umgangssprache usw. sehr wohl der Fall war.

Die einzelnen gesellschaftlichen Gruppen liegen heute nicht mehr übereinander, sondern nebeneinander. Sie lösen sich in bestimmten Fällen und Anliegen auf, um sich anders zu formieren. Wesentlich ist, dass jede Gruppe das gleiche Gewicht hat, dass nicht die Qualität, sondern das Phänomen „Zahl" an Bedeutung gewinnt. Die Größe der Zahl ist entscheidend. Daher muss jede Gruppe bemüht sein, Stimmen und Unterschriften zu sammeln oder feste Gruppen (Lobbies, pressure-groups) zu bilden (Verein, Bürgerinitiative, Partei usw.), um sich durchzusetzen.

Besonders deutlich war das gesellschaftliche Aufholen der früheren Knechte, Hilfs- und Saisonarbeiter. Sie zogen in die Stadt (nach der allgemeinen Motorisierung wurden sie Pendler), konnten ihren Lohn ausschließlich in den Konsum fließen lassen und gesellschaftlich aufsteigen. Die ersten Kleinautos und UKW-Geräte im Dorf hatten sie und nicht die Bauern, die ja ihre Erträge in ihre Betriebe investieren mussten (Traktor, Landmaschinen u.a.) und daher im Konsumbereich zurückfielen. Manche selbstbewussten Bauern empfanden es schmerzlich, von ihren ehemaligen Knechten gesellschaftlich überholt zu werden. Dieser wirtschaftliche und gesellschaftliche Qualitätswandel fand seinen Niederschlag auch im landschaftlichen Bereich. Im selben Ausmaß wie der Ortskern durch seine Beengtheit und den zunehmenden Straßenverkehr an Attraktivität verlor, gewann diese die Arme-Leute-Gegend am Dorfrand. Auch der Lehrer verließ seine Dienstwohnung im Schulhaus und ließ sich am Rande des Dorfes nieder. So legte sich um das Dorf ein Ring von Neubauten, der sich ständig nach außen vergrößerte mit deutlich erkennbaren „Jahresringen". An der Bauweise der Häuser ist zu sehen, in welchem Jahrzehnt sie gebaut wurden.

Durchfährt man auf geradem Wege das Dorf, passiert man zuerst die neuen Häuser und dann weitere in der Reihenfolge: 90er - 80er - 70er - 60er - 50er - Ortskern - 50er - 60er - 70er - 80er - 90er Jahre.

Früher schienen Gesellschaft und Landschaft geordnet. Nach der Vergesellschaftung entstanden neue „Ordnungen" und Spannungen (Kommassierung, Raumordnung; geplanter Müllplatz, Umfahrungsstraße, Wohnblock usw.), bis wieder neue Interessen neue Strukturen schaffen, die nicht vertikal oder horizontal sondern vielleicht diagonal sind, um die entstandenen Gegensätze auszugleichen.

Aber selbst im ausgeglichenen, gleichgeschalteten und „ausgewogenen" Dorf werden wieder einige „gleicher" sein.

2. Das Bauernhaus

Das Haus eines Vollerwerbsbauern früherer Jahrzehnte war der Ort, wo er lebte, wohnte, arbeitete und sich erholte. Zu seinem Lebenskreis gehörten auch Haustiere und die Natur, die ihn umgab.

Im Laufe der Zeit wurde er Zuerwerbsbauer durch kleinere Arbeiten im nichtagrarischen Bereich. Dieser einträgliche Zuerwerb machte es möglich, zeitaufwendige und extensive Arbeitsbereiche stillzulegen. Begann die Stilllegung mit der Rinderhaltung, waren Stall, Heuboden, Futterkammer und Strohhaufen (Triste) unnötig. Ihren Platz nahmen große Ackerbaugeräte und die Garage ein. In der Wohnung wurde ein zusätzlicher Raum für das Bad geschaffen.

Überstiegen die Einkünfte aus nichtagrarischer Arbeit das bäuerliche Einkommen, so war aus einem Zuerwerbs- ein Nebenerwerbsbauer geworden. Jetzt wurden Schweine- und Geflügelzucht sowie der Anbau von Futtermitteln aufgegeben. Schließlich bleibt nur mehr der wenig zeitaufwendige Anbau von Brotgetreide und Mais. Wo einst der Schweinestall stand, steht heute die Hollywoodschaukel.

Hört der Bauer schließlich auf, ein solcher zu sein, und arbeitet mit seiner Familie voll in einem anderen Beruf, bleibt nur mehr der Grundriss des Hauses als Erinnerung an eine Zeit, die es nicht mehr gibt.

3. Das Einfamilienhaus

Wohnhäuser mit ausschließlicher Wohnfunktion gab es bis in die 50er und 60er Jahre nur selten. Aus wirtschaftlichen Gründen hielten auch Nichtbauern Hühner und Schweine und heizten mit Holz meist aus dem eigenen ererbten Wald. Daher war das Wohnhaus in vielem auch noch Wirtschaftshaus, was deutlich sichtbar war: Hühnerstall, Holzschuppen, Futterkammer. Der Bau des Hauses selbst wurde fast ausschließlich mit bodenständigem Material durchgeführt. Aussehen und Bauweise der Einfamilienhäuser widerspiegeln die wirtschaftlichen und gesellschaftlichen Veränderungen. Grundsätzlich ist zu sagen:

• Der zunehmende Wohlstand reduziert die Einrichtungen der Selbstversorgung (Hausbrand mit Holz, Tierhaltung usw.)

• Neue Technologien sowie Wasser- und Stromanschluss auf der Baustelle revolutionierten und rationalisierten den Hausbau.

• Das Haus hat keine Wirtschaftsfunktion mehr, sondern nur mehr Wohnfunktion und zunehmend Erholungsfunktion. Abschirmung gegen Einblicke von außen.

• Kosten- und energieintensive Einrichtungen als Ausdruck steigender Wohn- und Lebensqualität (Wohnlandschaft, Teppiche, Sauna, Swimmingpool, Wintergarten).

Zusammenfassend kann gesagt werden:
Veränderungen im gesellschaftlichen (erhöhter Wohnaufwand) und wirtschaftlichen (höhere Einkommen) Bereich führen zu Veränderungen in der Siedlungslandschaft.

Aus: Geographisches Jahrbuch Burgenland. Hrsg. v. d. Vereinigung
Burgenländischer Geographen. Band 20. Lockenhaus, 1996.

Mei Dörfal

Josef Berghofer

Am Leithaberi dran
liegt a Dörfal, a kluans,
und sao schein wia deis Dörfal,
sao schein is´ holt kuans.

Im Fruijoahr, wann d´ Sunn
iwa´n See umalocht,
und d´ Bliamal rot bliahn,
strohlt ´s in uanziga Procht.

In Summa, wann d´ Mohda
mahn, friah und a spot,
dann gibt´s in mein Dörfal
fia olli a Brot.

In Hirast, wann d´ Weinba
in olli Foarbn glanzn,
und da Heirichi oarwat,
gibt´s a Juchazn, a Tanzn.

In Winta, wann´s waht,
sitzn bananda d´ Leit,
kimmt a Sautanz dazui
is´ d´ gmiatlichsti Zeit.

Am Leithaberi dran
liegt a Dörfal, a kluans,
und deis is mei Müllidorf
sao schein is´ holt kuans.

Aus: Josef Berghofer: Wia a Rebn is ´s Leben.
Eisenstadt: Rötzer, 1994.

Dorferneuerung

von Peter Sattler

Das Burgenland war und ist ein Land ohne Städte. Ein Land der Dörfer. Hier zu leben, kann trotz fehlender Stadtvorteile wunderschön sein, weil man sich im Dorfe persönlich kennt. Man kennt sogar die Nachbardörfer und ihre Einwohner und beim heutigen Verkehrs- und Kommunikationswesen noch viel mehr. Alle alten Erinnerungen gehen auf das Leben im Dorf zurück. Liebend gern denken wir an die Dorfstraßen, die Höfe, das Vieh, die Jahreszeiten und die damit einhergehenden Arbeiten, die oft gemeinsam mit den Nachbarn zu verrichten waren, wie das Dreschen, die Heuernte, das Kukuruzabschälen, das Federnschleißen, das Kernschälen. Die Jause – Speck, Brot, Most und Himbeerbrause – ist ebenso unvergesslich wie das Geschichtenerzählen der alten Leute. Die Kinder liefen in den Höfen ein und aus, übten sich im Heuhüpfen in der Tenne, waren bei den aufregenden Viehgeburten dabei, unterstützten die Großmutter beim Eierabnehmen oder beim Ansetzen der Henne und mussten, sobald sie konnten, bei der Ernte mithelfen.

Das alles wurde später alles als wohltuend, zufriedenstellend und angenehm empfunden.

Die Wirtschaft veränderte die Dörfer aber in kurzer Zeit radikal. Das Vieh verschwand von den Höfen. Monokulturen und wertloses Ackerland lagen plötzlich um die Siedlungen. Die Schwalben blieben weg. Die Bauern wurden zu Pendlern. Die Großeltern kamen ins Altersheim. Das Nachbarhaus wurde bei fehlenden Gemeinsamkeiten zum unbekannten Areal. Abwanderung dünnte die Dörfer aus. Große Ernüchterung stellte sich ein. Von irgendwo kam dann die große Hilfestellung. Sie verbarg sich hinter dem Wort Dorferneuerung. Die Politik machte sich Gedanken und definierte: Dorferneuerung ist die Sicherung der Lebensgrundlagen des Menschen über Generationen hinweg. Die Einbindung der örtlichen Bevölkerung von Beginn an stand dabei im Vordergrund, und das Wort Nachhaltigkeit durfte nicht fehlen.

Geförderte Aktionsprogramme wurden eingesetzt, doch die Dörfer siechten dahin. Die Wirtschaft entwickelte sich beinhart in eine kapitalgesteuerte Richtung. Die Bemühungen um das Wohlbefinden der Dörfer und Dörfler wanderten in den Bereich der fruchtlosen „Gschaftlhuberei". „Szél ellen nem lehet pisálni", was soviel heißt wie: „gegen den Wind kann man nicht brunzen". Am Beispiel Rudersdorf ist abzulesen, was bei allem Nachdenken über die Erneuerung des Dorfes in der Dorferneuerungsgemeinde herausgekommen ist.

Ein Foto von der Hintergasse soll an das alte Dorf erinnern. Im Vergleich steht eine neue Dorfzeile in der „Bronx". Jedes der Bilder erzählt seine Dorfgeschichte, zeitlich nur um 50 Jahre versetzt. Dazwischen liegt das Einfamilienhaus.

Alte Siedlungsform:

Jeder erinnert sich an die Einfahrtstore mit der hoch angebrachten Klinke. Man betrat die Einfahrt (die Hittn), ging am abgestellten Leiterwagen vorbei und schaute bald durch das Küchenfenster, ob die Milch, die es etwa zu holen galt, schon bereitstand. Wenn nicht, ging man weiter zurück in den Stall, wo die Bauersleute noch beim Melken waren. Man bewunderte das neugeborene Kalb und eine Gelegenheit, um die Tagesneuigkeiten auszutauschen, war immer gegeben. Je nach Fütterung roch es stark nach Rübenkraut, Grummet, Stroh, Klee oder Burgundergehack. Idyllisch war das Öffnen der Tore im Frühjahr, wenn die Bäuerin ihre Gänseschar mit den ganz kleinen, gelben Gösseln das erste Mal vor das Haus zum Graszupfen ließ. Man zählte und kommentierte gegenseitig den Bruterfolg: „Ünsa Gaunassa is hold ah scha old, mia ween an austauschn muissn ..." Die großen Einfahrten waren es, die duftende Heufuhren bis zu dreimal aufgedreht und goldene Getreidefuhren bis zu 8 Garben hoch hinein und glatt geprackte, schwarze, fette Mistfuhren herauskommen ließen. An der Decke der „Hittn" hingen im Winter Maiskolben, im Sommer nisteten dort die Mehlschwalben, während die Rauchschwalben Ställe und Schlafzimmer bevorzugten. Auf dem Misthaufen mitten im Hof regierte der Haushahn sein weibliches Volk, die Katze saß in der Heubringungsöffnung über der Stalltür. So war die Welt in Ordnung, glauben wir. Vergessen haben wir, dass es keinen Kühlschrank, kein Badezimmer und keine Zentralheizung gab, dass der Mistwassergraben den Überlauf vor das Haus ableitete, dass der Hühnerdreck jeden Tag vor der Küchentüre weggekehrt werden musste, dass es ab Ostern für die Kinder keine Schuhe mehr gab, dass nur in der Küche geheizt wurde usw. In der Jetztzeit erscheint das Wohnen auf solchen ausgedienten Höfen nicht mehr attraktiv. Es ist feucht, finster, groß, teuer und aufwendig.

Zwischenlösung Einfamilienhaus:

Wohnen inmitten des eigenen Gartens bringt ein erhebendes Gefühl. Haustiere sind oft Mitbewohner, die Vegetation spendet kleine Freuden für Auge und Gaumen. Das Einfamilienhaus erlebte seine Blüte Ende des vorigen Jahrhunderts in mehreren Komfortstufen. Die Familien, Arbeiter, Beamte und Angestellte, die es bauten und bewohnten, lebten in guter Symbiose mit den alten Bauern, die ihre Produkte direkt an die nichtbäuerliche Bevölkerung vermarkten konnten: Sauerkraut, Geselchtes, Milch, Butter, Kernöl, Geflügel, Fleisch. Momentan werden kaum feste Einfamilienhäuser gebaut. Sie sind nicht mehr leistbar. Sporadisch entstehen

Billigvarianten des Einfamilienhauses aus Fertigteilen auf Betonplattformen ohne Keller.

Neue Siedlungsform:

Von der Romantik des alten Dorfes ist heute kaum mehr etwas zu spüren. Der neuen Dorfzeile vorgelagert steht jetzt eine Carportreihe. Das Auto gehört zum Einkommenserwerb und zum Wohlstandskonsum. Es ist als solches dem Wohnbereich vorangestellt. Hinter dem Carport findet man zunächst nicht sichtbar den Eingang in die Wohnhöhlensysteme. Um Begegnungen und Streitigkeiten zu vermeiden, wird vornehmlich für jede Wohnung ein eigener Stiegenaufgang gebaut. Die Wohnausstattungen sind knapp gehalten. Laminatböden und Spanplattenmöbel stellen zufrieden, automatische Zentralheizungen besorgen das Klima und riesige Flachbildschirme laden zur Abend- und Freizeitgestaltung ein. Gerümpel kommt auf den Balkon. Gearbeitet wird in Ballungszentren. Urlaub und Freizeit sind das Einzige, um das man sich das ganze Jahr hindurch überhaupt kümmern muss. Ein oder mehrere Urlaube sind das Jahresziel. Und diese verbringt man kaum im Dorf, wenn man ein Taucher, ein Flieger, ein Bergsteiger, ein Tourist, ein Sonnenanbeter usw. ist. Ray Ban Brillen und Rolex Uhren sind auch anzuschaffen, sodass für frische Frühstückssemmeln beim Bäcker oder für dörfliche Wirtshausbesuche kaum etwas übrig ist. Den Dörfern bleibt nicht einmal das kleine Geld, das dabei ausgegeben werden müsste. Der Wohlstand, was immer das auch ist, hat seinen Preis. Er wird bezahlt mit dem Verkauf der Arbeitskraft und dem Verlust der sozialen Kontakte im Dorf.

Was kann die „Dorferneuerung" da wirklich dagegen ausrichten? Gesetzmäßig (LGBL 69/2003 und mit Richtlinien 2008) versucht sie es mit Förderungsmaßnahmen für Fassadengestaltungen, zur Verbesserung der dorfmäßigen Gestaltung des Wohnumfeldes, der Dorfökologie usw.
Die gescheiten Worte dazu:
1. Die Dörfer und die ländlich geprägten Orte sollen in ihrer Eigenart als Wohn-, Arbeits-, und Sozialraum sowie in ihrer eigenständigen Kultur erhalten bleiben und erneuert werden, wobei die Lebensverhältnisse der Ortsbewohnerinnen und Ortsbewohner verbessert werden sollen.
2. Die wirtschaftliche Existenz der Dörfer soll abgesichert, die bauliche und kulturelle Eigenart gewährleistet, die Eigenständigkeit der Dörfer gestärkt und der Abwanderung aus den Dörfern mit strukturschwachen Räumen entgegengewirkt werden.

Gute und bessere Ideen sind gefragt und können mittels Einreichblatt bei der Landesregierung Förderung erreichen. Dafür gibt es sogar Urkunden und Plaketten. Sowas hilft zwar nicht weiter, unsere unerklärliche Sehnsucht nach dem alten Dorf zu stillen, aber es könnte ja was Neues entstehen. In Ansätzen besteht schon Hoffnung, dass die Leute miteinander etwas unternehmen und dörfliche Strukturen aufrechterhalten wollen. Sie ist in den Schulen und in den Vereinen zu finden, im Sportverein, um Musikverein, im Gesangverein oder im Verschönerungsverein, wo gemeinsam an der Gestaltung des Dorflebens gearbeitet werden kann. Es ist nicht alles zu spät.

Aus: Der Bankerlsitzer : Rudersdorfer Dorfzeitung. Hrsg. v. Peter Sattler. Rudersdorf, 2011.

„Neue Ideen braucht das Land!" 3 Jahrzehnte Dorferneuerung im Burgenland

von Doris Seel

Im Herbst 2018 wurde im Rahmen eines großen Festaktes in Neutal nach 30 Jahren Dorferneuerung im Burgenland eine positive Bilanz gezogen. Die Struktur des Landes mit vielen kleinen Gemeinden konnte weitgehend erhalten werden, ein fundamentaler Bestandteil dabei war und ist die rege Bürgerbeteiligung als Schlüssel für eine erfolgreiche Zukunft.

Ursprünglich als Fassaden-Verschönerungsaktion ins Leben gerufen, wurden 1991 erstmals die Förderkriterien für die Dorferneuerung landesgesetzlich verankert. Im Lauf der Jahre erweiterte sich der Aufgabenbereich immer mehr, heute umfasst sie Maßnahmen zur Erhaltung dörflicher Baustruktur ebenso wie die Förderung des sozialen Lebens im Dorf und die Verbesserung der Lebensqualität der Bürgerinnen und Bürger. Bereits 2007 wurde deshalb die Dorferneuerung zur „umfassenden Dorferneuerung" erweitert. Dabei wird in einem begleiteten Prozess gemeinsam mit der Bevölkerung ein Leitbild für die Zukunft der Gemeinde erarbeitet, das vom Gemeinderat beschlossen wird. Die Dorferneuerung hat sich damit zu einem wichtigen Planungsinstrument für die Zukunft der Gemeinden entwickelt.

Mittlerweile haben mehr als 85% der burgenländischen Gemeinden Dorferneuerungsprojekte laufen. Die Ziele: die Lebensqualität im Dorf steigern, Wohn-, Arbeits- und Sozialraum erhalten, der Abwanderung entgegenwirken und die wirtschaftliche Existenz absichern, aber auch Impulsgeber für innovative Projekte sein und die Gleichstellung zu berücksichtigen.

Dorferneuerungsprojekte werden zu 63% aus Mitteln der Europäischen Union und zu 37% vom Land Burgenland gefördert. In der Förderperiode 2007 bis 2013 wurden von EU und Land Burgenland 9,5 Mio. Euro, für den Förderzeitraum 2014 bis 2020 werden über 5,4 Mio. Euro bereitgestellt. Die reinen EU-Mittel belaufen sich für die beiden Förderperioden summiert auf knapp 5,5 Mio. Euro, die Landesmittel auf knapp 22 Mio. Euro – insgesamt wurden somit mehr als 27 Mio. Euro für Maßnahmen der Dorferneuerung investiert. 1300 Fassaden wurden mit Dorferneuerungsmitteln saniert, insgesamt 1030 Projekte umgesetzt, darunter auch Konzepte der Dorferneuerung.

Über die Landesförderung werden aber auch eigene Schwerpunkte gesetzt, die der Bürgerbeteiligung unmittelbar Rechnung tragen – so etwa ergänzende Richtlinien für Mobilität, Open W-Lan und die Nahversorgung. Die Dorferneuerung ist auch als wichtiger Bestandteil in den Gesamtkontext der ländlichen Entwicklung eingebettet, für die der 2016 erstellte Masterplan „Land und Leben" die Grundlage bildet. Die Dorferneuerung ist zugleich auch zur Dorfentwicklung geworden.

Nahversorgung im Burgenland

Die Nahversorgungslage im Burgenland hat sich in den letzten 2 Jahrzehnten massiv verschlechtert. Waren 1997 nur 1.000 Bürger in insgesamt drei Gemeinden dazu gezwungen außerhalb ihrer Gemeinde einkaufen zu gehen, betrifft die Knappheit an Nahversorgern mittlerweile fast 42.000 Burgenländer. In über 20 der insgesamt 171 burgenländischen Gemeinden gibt es überhaupt kein Lebensmittelgeschäft. 48 Gemeinden haben zumindest in einem Ortsteil keinen Nahversorger mehr. Die Folgen sind fatal. Der Gemeinde droht die Abwanderung ihrer Bürger, das soziale Leben im Ort verödet immer mehr. Um im nächstgelegenen Supermarkt einzukaufen, müssen viele mit dem Auto fahren, statt zu Fuß den Einkauf zu erledigen. Abgesehen von der unnötigen Umweltverschmutzung sind ältere Menschen und Autolose besonders betroffen, zumal auch das öffentliche Verkehrsnetz schwach ausgebaut ist.

Innovatives Projekt „Unser Gschäft"

Der Verein „Unser G`schäft" organisiert seit 2012 erfolgreich Nahversorgung für die kleine Gemeinde Strem. Dieses völlig neuartige Projekt für die Organisation einer sinnvollen Nahversorgung hat sich bewährt und wird auch in anderen Gemeinden umgesetzt – mit gemischtem Erfolg. Einige Nachfolgeprojekte sind gescheitert, andere wiederum sind ein Erfolg. Die Mehrheit der österreichischen Dorfbewohner wünscht sich mehr selbstständige Unternehmen im eigenen Dorf. Diese sorgen für Arbeitsplätze, Nahversorgung und machen ein Dorf „lebendig". Als der letzte verbliebene Greißler in Strem zugesperrt hatte, stellte sich die dringende Frage, wie die Gemeinde zu retten sei. Schließlich wurde ein leer stehendes Gebäude im Ortszentrum renoviert und ausgebaut, ausschließlich mit Firmen der Region und fünf neue Arbeits- und zwei Lehrplätze geschaffen. Als Alleinstellungsmerkmal – auch um sich von den umliegenden Supermärkten abzuheben – wählte man Regionalität als Prinzip. Großeinkäufe sind nicht mehr zwingend nötig, da ein Lebensmittelgeschäft in unmittelbarer Nähe genutzt werden kann. Für die alternde Bevölkerung wurde ein Autoservice mit Elektroautos installiert, die Hauszustellungen und Transporte erledigen. Ein Café entwickelte sich zum gesellschaftlichen Treffpunkt für Jung und Alt. Mit Bausteinen um 100 Euro ist es möglich, sich als Bürger an diesem Verein zu beteiligen, und die von Bund, Land und EU getragene LEADER-Förderung konnte dem Dorferneuerungsmotto „Dem Leben am Land Zukunft geben" kräftiges Leben einhauchen.

Die Dorfvaänderung

Mathilde Pani

Ih haon däis Gfühl, ih muiß aufschreibm
wia sih unser Dorf vaändert hot;
siahgst kuane Kiah´ auf d´Hold mehr treibm,
kuane Mülitroger friah und spot.

´as Mülitrogn wor goar nit sou vakehrt,
do hot ma gleih olle Neiigkeitn ghört;
wenn is wou a Unglick possiert,
oder hot wer wos gmocht und sih goar nit geniert.

Die Brennessl sterbm laongsaom aus,
sie wochsn wuhl nouh hinterm Haus;
daonn spritzt ma s´ holt künstlich aon,
daß ma hot a Wal a Fried´ davaon.
Wou s´ bis za d´Fenster in d´Höh´ wochsn tuan,
do woaß jeder gleih, do is kua Mensch dahuam.

Auf olle Ecken und Winkl tuan die Blumen sche(i)n bliahn,
wal s´ holt öfter an Kunstdünger kriagn.
Menschenskind, wenn ma däis sou betrocht,
wos in unsern Dörfl oll´s aonders wird gmocht
.

Drum gehts nit olle furt, ihr jungen Leit,
hobts mit enkan Dörfl douh a bißl Freid´!
Mochts noch uns ollas sauber, lebts friedlich und sche(i)n,
daß maonche wos furt sein, wieder ins Dörfl z´ruckgehn.
Wenn s´ do baun neigi Häusl, ih mih gaonz narrisch frei´,
denn meine Kinder sein ba däi ah dabei!

Aus: Mathilde Pani: Heitere Dorfg'schichtn : Erlebt und erfunden.
Punitz: Moser, 1995.

Dorfleben ehemals

Dorothea Marth

Als ich in den Sechziger-Jahren ins Dorf herkam, bot das Dorf – meine neue Heimat – und das Leben der Menschen hier noch ein ganz anderes Bild. Zum Unterschied von den „Streudörfern" in meiner alten Heimat, prägten hierzulande hauptsächlich die langgestreckten Reihenhäuser das Dorfbild. Die Straßenseite der Häuser war von einem Lattenzaun oder einem großen Einfahrtstor in der Hausmitte abgeschirmt. Das Wohngebäude und der Stall mit sonstigen Wirtschaftsgebäuden waren aneinandergebaut.

Das Feuerwehrhaus am Ortsanfang und das Kircherl in der Dorfmitte waren nicht zu übersehen. Der Dorfbrunnen – ebenfalls in der Mitte des Ortes – mit der frischen Wasserquelle war für Mensch und Tier gleichsam eine wahre Labung. Die Kühe wurden dort getränkt, wenn sie von der Weide getrieben wurden oder sonst von der Feldarbeit kamen. Die Leute schöpften daraus Wasser, wenn sie mit ihren „Bluzzern" (tönerne Wassergefäße) aufs Feld zur Arbeit gingen. Gänse und Enten watschelten scharenweise auf der Dorfstraße – sie wurden auch kaum von einem Auto oder Traktor gestört.

Großteils gab es nur Bauern im Ort. Die größeren Bauern hatten auch so an die 2-3 Pferde, einen Heurechenwender oder einen Getreidemäher mit Balken zum Ablegen der Garben. Dies war schon eine große Erleichterung bei der Erntearbeit. Die übrigen Bauern mußten mit den Kühen alles unter Dach und Fach bringen, vor allem mit eigener Muskelkraft und durch fleißiges Zupacken.

Ich selbst fühlte mich in der Arbeitsweise und auch ausbildungsmäßig um etliche Jahre zurückversetzt. Es war für mich damals so ähnlich, wie wenn man heute über die Grenze nach Ungarn fährt. Die älteren Menschen kannten eben nichts anderes und gaben sich mit dem zufrieden, was sie hatten. Wir selbst mußten demnach hart zupacken, um für uns und die Kinder mehr Lebensqualität und Wohlstand zu haben.

Die Lebensbedingungen haben sich aber sehr zum Besseren verändert. Nun liegt es an den nachkommenden Generationen, das Erbe der Heimat zu erhalten, zu hegen, zu lieben und auch alte Sitten und Brauchtum zu bewahren für eine spätere Zeit.

Aus: Dorothea Marth: Zuagroast : Geschichten und Gedichte.
Gamischdorf: Moser, 1993.

Ba ins!

Franz Bischof

Duart wou in Stinatz za Ostern
die Weiberlait die Oar tuan krotzn,
wou die Maura van Streimtol as Malta tuan auffipotzn.
Wous in Groundndoaf tuan Kiarwiskeen aufschlogn,
wos am Solod drauf guid schmeickt
und a da Mogn tuit guid vatrogn.
Wous in Minihouf Liebau tuan Kearwl flechtn,
wou d Laid nou geen wos heargeibm,
wou die Zigaina nou tuan fechtn.
Wous in Neidabergn die Äipfl fiar n Moust tuan preissn,
wous d nou ba d Bauern kunnst
a Blunzn mit Sauakraud eissn.
Wous d in Gaas nou kunnst af n Kiartog gaih,
wous d in Jabing kriagst
fiars gsölchti Fleisch – an schoarfn Krai.
Wous in Burgaubeargn nou Towok aoubaun,
wous im Hiarbst, af d Földa, d Grumpan zsaoummklaubm.
Wou d Oarwata, Mountog, zeitli in da Friah, af Wian Göld vadian fohn,
wou d Laid, uana zan aoundarn, „Griaß Goutt" nou tuin sogn.
Wou da Nochba nit zwieda is, waunns d tuist a Hülf valaoungan.
Wous in Goardn, zwischn d Äipflbam, die Wäisch auffihäingan
und an Strick aufspreizn nou mit da Reichnstaoungan.
Wous mit n Roafmeissa d Loata tuan mochan,
wous nou dahuam a echts Bauanbrod bochan.
Wous nou Nussn opossn,
wous d nou a trumm Kneidl kriagst za da Paprikasouß, mit aran Stollhosn.
Wous d in Ulwandoaf haint nou hearst reidn va da vasunkanan Glouckn,
und in Eisnhiatl kunnst a Bischl Maigleickal brouckn.
Wou d Gissinga Buarg di va Weidn tuit griaßn,
wou d Bauan d Frucht ins Logahaus ofiahrn miassn.
Wous d im Stremboch oda in da Pinka
nou gsundi Fisch kunnst faoungan,

duart brauchst di um dei Leibm,
wiarkli nit baoungan.

Ortsneckereien
und Spottnamen

Die burgenländischen Ortsnecknamen

von Roman Kriszt

Spottlust und gutmütige Stichelei liegen uns Burgenländerinnen und Burgenländern wohl immer schon ein bisschen im Blut. Und nirgendwo kommt das besser zum Ausdruck als bei den Ortsnecknamen. Denn es gibt in unserer Heimat, von den Hoadbauern im Norden bis zu den Hianzen im Süden, kaum eine Ortschaft, die neben ihrem „offiziellen" Namen nicht noch zusätzlich einen Spottnamen trägt. Dieser wurde ihr irgendwann von den Nachbargemeinden verpasst – und dieser „Zweitname" bringt auf mehr oder weniger charmante, oft auch auf sehr direkte Weise eine bestimmte Charaktereigenschaft, eine (meist) angedichtete Eigenheit zum Ausdruck.

Befasst man sich näher mit diesen Namen, tut sich eine unglaubliche Vielfalt auf, ja man muss teilweise schon sehr genau und systematisch differenzieren: Denn es macht sehr wohl einen Unterschied, ob man zu den *Stēigrēickan* (Siget in der Wart) oder zu den *Stēiglaoungzahran* (Altschlaining) fahren will. Manche Ortschaften teilen sich einen Namen, so kann die *Gimplinsl* entweder in Deutsch Jahrndorf oder in Landsee gelegen sein.

Oder, als Beispiel von vielen sei der Mond herausgenommen, mit dem die Bewohner einiger Ortschaften so manches angestellt haben sollen: Ihn als vermeintlichen Brandherd zu löschen (Nickelsdorf, *Mōuschailēischa*), sein Licht einzusammeln (Loretto, *Mōuschaisaoummla*; Tschurndorf, *Mōuschaifaounga*) oder gar versuchen, ihn zu ertränken (wie das den Mörbischern nachgesagt wird, die daher als *Āihldadräinga* bezeichnet werden – hier lebt sogar noch der alte und kaum mehr verwendete Dialektausdruck *Āihl* „Ähnl", also Großvater, für den Mond weiter). Und manche wollten mit ihrer täglichen Arbeit überhaupt nicht mehr aufhören, sodass sie sogar noch bei Mondschein werkten und so prompt den entsprechenden Namen verliehen bekamen (Zemendorf, *Mōuschainign*).

In unüberschaubarer Anzahl sind auch kulinarische Vorlieben oder Besonderheiten vertreten: Das reicht von Hausmannskost wie den *Krāireißan* (Donnerskirchen), den *Steazkouchan* (Mönchhof), den *Grammlposchan* (Gols) oder den *Nouckalkouchan* (Litzelsdorf) bis hin zu etwas ausgefalleneren Gourmetvariationen wie dem Braten von Birnen (sogar noch zusätzlich unterteilbar in normale Birnen – Salmannsdorf, *Bianbraouda* – und Holzbirnen – Buchschachen, Hulzbianbraouda) oder von Milch (Kalkgruben, *Müllibraouda*).

Auch die Spottnamen für die kroatischen Ortschaften umfassen einen weiten Bogen. Stellvertretend seien genannt: Die *Mlakri* (Pama), die *Krumpiri* (Hornstein), die *Varošćani* (Großwarasdorf) oder die *Rogacsi* (Eisenhüttl).

Aber Achtung: Während man heute über diese wirklich witzigen, ja kuriosen Namen schmunzelt und über den in ihnen zum Ausdruck kommenden Humor nur staunen kann – in früheren Zeiten konnte man den Bewohnern des entsprechenden Dorfes mit der Nennung dieses Spottnamens kaum eine größere Beleidigung zufügen. Oder, wie es einer der Sammler dieser Namen sehr lapidar und auf den Punkt gebracht zum Ausdruck brachte: *Das Schimpfwort wurde schon manchem Unkundigen, der es ahnungslos aussprach, zum Verhängnis.* Eine gehörige Tracht Prügel am Kirtag war da wohl das Mindeste, mit dem man zu rechnen hatte.

Damit hängt bestimmt auch zusammen, dass es gar nicht so einfach war und ist, die Ortsnecknamen in Erfahrung zu bringen. Als das burgenländische Landesmuseum in einer Fragebogenaktion Anfang der 50er Jahre die Spottnamen erhob, erhielt es von vielen Gemeinden auf eben diese Frage, sicherlich aus falsch verstandenem Lokalstolz, die Rückmeldung – obwohl nachweislich einer vorhanden war –, dass ein solcher nicht existiere. Psychologisch klüger wäre es wohl gewesen, die Frage statt „Hat der Ort einen Spottnamen?" anders zu stellen: „Haben die Nachbarorte Spottnamen?" Dann wären die Namen und dazugehörigen Geschichten wohl nur so gesprudelt …

Neugierig geworden und Lust auf mehr bekommen? Ein neues Buch des Hianzenvereins, das für Herbst 2020 in Vorbereitung ist, wird die Spottnamen aller burgenländischen Dörfer, Märkte und Städte vorstellen und die dahinterstehenden (Schildbürger-) Geschichten erzählen. Zusätzlich wird darin neben der Aufarbeitung der historischen Hintergründe dieser Namen auch auf die Frage eingegangen, warum es manche (sehr wenige!) Ortschaften gibt, die keinen solchen Necknamen haben.

Kukmirn

Johannes Ebenspanger

Kaiser Karl ritt durch das Land
der Ostmark behaglich dahin.
Ein Thalgeländ seinen Beifall fand.
Drum rief er: „Gucka miar rin."

Und einen seiner Mannen belehnt
er mit dem lieblichen Ort,
als dessen Namen man keinen fänd
geeigneter, wie des Kaisers Wort.

Ja guck nur in dieses Thal hinein,
das mancherlei Reise uns beut:
Die Nachtigall singt und es reift der Wein
und es wohnen dort biedere Leut.

So oft ich dem traulichen Orte mich nah,
erfaßt mich ein freudiges Weh;
denn einst stand meine Wiege allda.
Von Gott ich ihm Segen erfleh!
(1897)

Aus: Johannes Ebenspanger:
Hianzische Veaschln : Gedichte in Kukmirner Mundart.
Oberwarth: Ludwig Schoditsch, 1897.

Die Goaßhäinga
Herbert Zechmeister

Heats Laitln, es is a Schaound,
hiatz locha s schou im gaounzn Laound.
Sougoa die Herrn va da Stodt,
wissn si meah goa kuan Rot.

S is a weing a Gros af insan Tuim.
Jo gibts in gaounzn Doaf kuan Buim,
dea wos si auffitraut af d hechsti Spitz?
Da Gmuoarot zohlts, deis is kua Witz!

An Buim, dein hätt ma bold,
owa ba da kluan Waoumpm wa dann Hold.
Am Eind bleiwat a nou steicka
und muissat in da eingstn Stöll vareicka.

Na, na, i liassat kuan va meini Buim,
duat auffi afn Kiratuim.

Hiatz follts ma ai, i muoa i woaß,
da Pinscheidl hout a varreickti Goaß,
dei is vahungat und nit z brat,
grod sou, dass s duach die kluani Waoumpm passn tat.

Hiatz hobm ma s, gaih ma s aou!
Dei Goaß muiß hea, d Lait woatn schou.
An feistn Schluck, deis hout an Sinn,
eis weads nou schaou, wal deis haut hin.

Hohruck und zahts feist aou,
die Goaß rullt d Augn, dei wiad nou schaou,
wal olli Geaß van gaunzn Doaf,
warn af deis Gros am Tuim gaounz schoaf.

Van Gloucknhaisl weig, bis af d Heh,
tiuts da Goaß a bissal weh.
Owa – wia d Goaß neibm d Glouckn häingt –
laits sou laut, dass si deis Viech vareinkt.

Durch d große Waoumpm woa s wieda leicht,
ah wann die Goaß a bissal dableicht.
In da kluan Waoumpm wiads holt einga.
Dou meissn s d Goaß holt ainizweinga.

Da Strick, dea spiad iah o deis Bluid,
deis tuit da Goaß am Eind nit guid.
Sie rafft nouch Luft und mocht an Schroa,
ob deis am Eind iah leitzta woa?

Gehts tummlts eing und zahts feist aou,
die Zunga reickt s, hiatz glaoungt s as schou.

Grod wia s die Zunga streickt,
is – deis – Viech – ah glei vareickt.

Die Goaß is hin und deis zweing wos?
Ols nia weing an Schippal Gros!

„Wea wiad dou wuhl vaspott?"

Bēisnbinta

Müllibrouda

Fadlzichta

Franzousn

Mondschaileischa

Gaounsbärn

Goaßhäinga

Mondschaisaoummla

Grammlposcha

Gimplinsl

Moilafaounga

Knēidlwerfa

Biarnbrouda

Noarrn

Bōscheißa

Kiaraschiawa

Kotznwuppa

Krāireißa

Mondschaifaounga

Krumpirnausdrucka

Gugafaounga

Huitwumma

Breinhirschn

Stieglitzfaounga

Quagala

Zaoubrunza

Plitzalmocha

Nēiblfaounga

Ruamzuzla

Schmeatrouckna

Frouschpracka

Stīawoscha

Schmolztimpfla

Āihldadräinga

Nouggaldorf

Schwolbmfaounga

Nēiwüfaounga

Zwießa

Spotzn

Nēiwlschiawa

Stieglhupfa

Auslösung siehe Seite: 108

Großhöfleiner Schoufailaita

Herbert Zechmeister

I dazöhl eing hiaz a Gschicht, wos nit a niada keinnt,
wiasou ma die Großhöfleina ah Schoufailaita neinnt.

Dei Gschicht geht zruck af vüli Joah,
wou ma naouch Eisnstodt wullfoatn woa.
A Telefon houts laoung nit geibm,
deis woa holt nou a aoundas Leibm.

Dou fraougt da Pfoara va da Stodt
in Höfleina Kolleign um sein Rot:
„Wia kaou i rechtzeiti eafoahn,
wou die Wullfoahra grod woan
und wiavül Zeit ma bleibt dann nou,
dass i mi fian Aizug voabereitn kaou?"

Dou moant da Pfoara va Höflai:
„I hobs, sou kinntats gaih.
In Großhöflai siahgst va iwarol
weit eini in deis Wulkatol.

Wannst siahgst die Wullfoahra va da Weitn,
sull da Meisna d Kiraglouckn laitn.
Dou san die Wullfoahra nou recht weit
und fian Aizug bleibt gmui Zeit."

Guid wars gaounga, nix wa gschehgn,
hätt da Pfoara ba Proudaschdoaf nit a Wulkn gsehgn.
Va lauta Staub kaou a s nit daitn,
ea schofft in Meisna, die Glouckn zlaitn.
Und wia si da Staub sou niedaleigt,
hout ea deis Unglick ah entdeickt.

Dou woa s owa ah schaou zspot,
fian Herrn Pfoara va da Stodt.
Wal dea woa bereits in da Montua,
owa va d Wullfoahra weid und broad kua Spua.

Nia da Holda va Höflei
zuigt mit d Schouf ba da Beagkiacha vabei.
Sou hout sa si holt zuchitrogn,
dass ma za d Großhöfleina ah Schoufailaita sogn.

Wer woaß deis nou?

Hannelore Rubendunst

Im Burgenland, sou wia i deis woaß,
hout an Spitznaouma bold a jeds Doaf.
Maouncha is sinnvoll zan aouhearn,
an aoundan wieda muaß da wer erklärn.

A Spitznaouma is schnöll banaound,
vasteickt si ouft in an boushoftn Gwaound.
Maounch Spitznaouma hout mitn Eissn z tuan,
a aoundara wieda tuat si ba d Veigl aouluahn.

An Kuckuck hobm s amol wölln faounga,
mit an großn Fuadakorb sai sa s dozumol aougaounga.
Du glaubst dou nit, sei hobm uan dawischt!
Deis is nit sou, wia wenn du wos van Wossa aussafischst.

Hiatz folln ma goa die Müllifoafal ai,
dei Gschicht tuat ma owa recht zan Heazn gaih.
Der Ehemaou hout sou gern Müllifoafal geissn,
oft is a gstorbm, und sei Frau hout trauarn meissn.

Sou ouft s za iahm is in Friedhouf kumman,
hout s olliwal, stott Blumman, Müllifoafal mitgnumman.
Dei hout s, sou sogn hold die gaounz oldn Lait,
iwa sei Grob goussn und duart schai vatalt.

Dou driwa kaou ma hiatz locha oda ah nit,
Müllifoafal neimma mia nit in Friedhouf mit.
Mia sölba tuat insa Spitznaouma fias Dorf taugn,
der treibt uan scha ban Schöln die Tränen in d Augn.

Ins Rianschdorfa, deis houst sicha scha gheart,
neinna s die Zwiefla, wos a niamb steart.
Ouhni Zwiefül kua Gulasch, kua Oaspeis, kua Grumbirnsolod,
mia braucha an Zwiefül wia as täglichi Brod.

Da Zwiefül hout Charakta, is a guadi Medizin,
muaßt recht huaschtn, greifst zan Hounig mit Zwiefelsoft hin.
Da Zwiefül mocht deini Darm luftig und frei,
deis is bloß a Nebnwirkung, wos is scha dabei?

I sölba bi a ausgwochsani Zwieflarin scha,
i bi jo scha old, und mei Zwieflscholn ah.
Is as Außari a runzlig und niama schai,
as Aiwendigi kaou olliweil nou genießboa sai.

Am Seisslmoak!

Elisabeth Enz

Da Weina Seisslmoak is friacha iwaroll bekaounnt gweist.
Af da Hauptstrouß san Haus fia Haus Kuchlseissl af da
Gossn gstaoundn, wou d Lait iahnari Produkte vakafft hobm:
Knoufl, Oa, Kerschtn, Äipfül, Waiba, und Strohgflecht.
Waunn ma gsog hout, ma kimmt vu Weidn, hobms olli liabevul gmuat,
aha van Seissaldoaf.
Es is uns Weina nouchgsog woan, dass die Weina ban Eissn steihnga,
wal s iahnari Seissl olli af da Gossn staih hobm.
Meistns san s d öltan Lait gweisn, dei wos vakafft hobm,
wal dei in da Laoundwirtschoft nimma sou mithölfa hobm kinna.
D Resl Muahm is holt ah sou gean af da Gossn gseissn und hout gschäftiert.
Ma hout genau gsehgn, oub s den Toch vül vakaffa hout kinna oda,
oub as Gschäft nit guid gaounga is.
Am meistn is deis ba da Kerschtnzeit zan gsehgn gweist.
Hout s vül vakaffa kinna, is ban Seissl umadum olls sauwa gweist.
Waunn owa kua guida Toch gweist is zan vakaffa,
dou san um iahn Seissl a Hauffa Kerschtnkern gleign,
wal ollas, wos iah iwabliebm is, hout s söwa geissn.
Uamul ba da Waibazeit is s gweist, den Toch san besonders vül Lait
af da Strouß gweisn und d Resl Muahm hout iahri Waiba aouboudn.
Gegn da Nocht is s gweist, dou hout s as leitzti Sackl Waiba ghobt,
es is owa kua Kilo meah gweist, und hout gsog: „Fia deis kaou i hiaz kuani
1o Schülling valaounga,
dei gib i hiaz um 7 Schülling hea!" Und glei is uani keimma und wulltat
deis Sackl Waiba hobm.
„7 Schülling!" hout d Resl Muahm gsog. Dei woan owa dera Gnä Frau z taia.
„Dou kriach i s in Wian am Noschmoak büllicha!" und is gaounga.
Owa glei is d nächsti Kundschoft keimma und nimmt deis Sackl Waiba
und gibt da Resl Muahm 1o Schülling in d Haound.
„Siagst", hout s spitzbuimarisch gsog, „dei wos 7 Schülling
zohlt hätt, muißt reinna loussn, und dera um 1o Schülling
muiß ma s vakaffa!"

Wos in Dorf
sou lous is

Hianzln und Fianzln ban Banklsitzn

Erwin Schranz

Als Kinder freuten wir uns, wenn die Abenddämmerung anbrach und sich die Leute aus der Nachbarschaft *zan Feierobmd* am *Bankal* unterm Nussbaum vorm Haus zusammensetzten.

Da ging es immer amüsant zu und allerlei lustige Einfälle machten die Runde. Wir spitzten die Ohren, was es da alles an Neuigkeiten und lustigen Erzählungen zu hören gab. Einige ältere Dorfbewohner und Dorfbewohnerinnen redeten in *uana Tour;* einige erzählten ihre Geschichte in *uan Daundalau,* andere wussten spannend und unterhaltsam zu erzählen, mit leiser, raunender Stimme, dann wieder fröhlich hell und nicht zu überhören.

Nach dem *Mülitrogn* war also Entspannung angesagt: *dischgrian* über die neuesten Vorkommnisse, nachsinnen über Gott und die *Wöd,* aber auch *hianzln und fianzln* untereinander, Neckereien zwischen Nachbarn, Jung und Alt und über seltsame Gestalten aus den Nachbarorten. Die *Zuigheiratn* wurden mit dem Spottnamen ihres Heimatortes geneckt und *ghianzlt* und mussten sich manchen Schabernack gefallen lassen. Beim *Fianzln* wurde niemand verschont, jede und jeder kam einmal „dran" und teilte auch wieder aus – dörfliches Kabarett pur.

Wir Kinder durften nur *zuilousn.* Mit *„Houst eh schou gheat?"* wurde die Spannung über den neuesten Dorfklatsch aufgebaut und mit *„Is nit zan glaubm"* die überraschende Neuigkeit bekräftigt. Manchmal, wenn etwas nicht für unsere Ohren bestimmt war, schimpften uns die Erwachsenen als *naigierigi Golstarn* (Elstern), dass diese Geschichte nicht für unsere *Ohrwaschln* bestimmt wäre und wir lieber spielen gehen sollten. Außerdem sollten wir mit dem *Kaan* und Quengeln aufhören.

Natürlich ließen wir Kinder uns nichts entgehen und reimten uns unser eigenes Bild zusammen, wenn die alte *Res* anhub, *a Laoungs und a Broads zan Dazöhln* und mit *Händ und Fiaß* herumfuchtelte. Beim Ausrichten der Nachbarinnen *hintarucks* hielt man sich auch nicht zurück. Man nahm mit Vorliebe die Abwesenden auf die Schaufel: Wie die eine immer *gschtrieglt* und die andere immer *graupat* daherkam, *wia si da ghatschte Nosnpeda hiaz mit da rotbreizatn und kukaritz-gscheckatn Zaoudarign wos aoufaounga houd kinna. Oub deis wul guid gaih kaou?*

Und ob der *Siebngscheite meah weat warat wia da Duckmausate?* Oder doch nur ein *aibütta Off?* Die gar *sou gschmiadn Aiwaibla* waren noch leichter *zan Vakiefln wia die Hintafoutzign,* die nur *gaounz siaßlat umadum touan* und *oan blitzschnö as Hackl ins Kraiz haoun dadn, wann s na kinnatn.* Und den *guidn Lodsch var an Buaschn, der an Trauminit spült und nit Herr über sai Bißguan dahouam wiad.* Seit s *leitztns sou gmotschgat houd, reidt mit dea eh kouana meah a Woat, fia vülle is dei scha gstorbm.*

Sogar die Kleinkinder bekamen ihr Fett ab: Der Bub mit seinen O-Beinen kam *sou kniaradlat dahea wir a Fasslreida* und seine Schwester war ja auch nur *a Grischpindl, a Haigeign oder goar a Haischreick,* gegen den *Fettlatz* von ihrem Cousin und seine dicke *Drulla, dei hiatz schou wiar a Dodschn daheakimmb.*

Und der *gstudierte Spainoudlscheissa houd am Kiatog kuan Grouschn ausloussn* und seine Frau, die *Zwidawuazn, vagunnt si jo a nix.*

Die abendliche Unterhaltung, die fröhliche Gesprächsrunde und as *Laitausrichtn und Ausnamln* gewannen an Fahrt, besonders wenn über die letzte Wirtshausrauferei berichtet wurde, wie der *piagade Stia var an Buarschn weign dea pritschtn Kuih umadumgrölt houd* und *der Stuaschädl* bei der Ranglerei noch a *Gnackwatschn* ausgefasst hatte. *Recht gschiachts dem Owizara!* Da gab es genug zum *Kichern* und *Kudern!*

Aber auch Geheimnisvolles wurde besprochen: *Derfts owa nix weidadazöhln,* womit das Gerücht natürlich blitzartig in Umlauf gesetzt wurde, im ganzen Dorf die Runde machte und *kua guids Hoar* mehr an der *zwinaiglt Kluischeissarin* gelassen wurde.

Vorsichtshalber wurden wir Kinder, wenn die Gespräche sich als immer spannender und deftiger entpuppten, nach Hause geschickt unter dem Vorwand, „*damits eing nid vakiahlts*", weil die Kälte schon *va d Hofaholm auffagstiegn* und der Nebel *ah schou aigfolln is.*

Wenn wir nicht gleich reagierten und uns lieber dumm stellten, zeigte uns ein ziemlich grobes „*Putzts eing hiaz owa!*" gelegentlich den Ernst der Lage und die Schlafenszeit an. Beim Davontrollen hörten wir im Abgang noch, dass der *Dischgua* immer lauter und ausgelassener wurde. All das war aber nicht mehr für unsere kindlichen Ohren bestimmt.

in umtsara Gmoaⁿ

Franz Hannabauer

A Gmoaⁿ is eigeintlich a kloani Wölt,
dou geht´s um Oaʳwat, Eaʳbschoft – ouft ums Göld,
um Politik, Vawaumdtschoft, grossi Feiata …
Lousts zui – eⁱppa-r-intressiaʳt´s eing ah!

Dar oani wül an Gehsteig va da Gmoaⁿ,
dar aumdri stühlt a Fadl Stoaⁿ;

ban See int freⁱssn d´Hiaʳschn oan in Gugruz o,
an Haisla reⁱgnt´s ouᵇm eiⁿ ban Schupfadoh.

A Bäick wül ´s Göld nit zan Finanzaumt trogn,
an aumdra d´Jacha guaʳ voaʳ Gricht vaklogn.

A Trangla schaumt sih weⁱgn sein Kupfagsicht,
an oldn Reintna reisst schou laung die Gicht.

In Schäinghaus guaʳglt oanar auhmni Moß,
an Ouwagscheida kriagt sein Weiⁿ nit los.

Sou moucha Sumpa drischt af d´Nocht seiⁿ Wei,
seiⁿ Nochbaʳ findt dou guaʳ nit vül dabei,
wal´s iwrol hoasst – van Maunga bis zan See:
Deⁱs Wei, wos Schläi kriagt – deaʳ ghe⁽ʳ⁾n s´ eh!

Ouft eifat moucha fost um d´Weⁱtt,
umd wan seiⁿ Meintsch niaʳ mit an Hulzboug reⁱdt.

Draht oana duaʳch voar Ungeduld,
sou is da Biaʳchamoasta d´Schuld.

Gibt´s fiaʳn Friedhouf gleih koan Eaʳd,
sa hoasst´s: „Da gaumzi Gmoaⁿrot is nix weaʳt!"

Kimmt oana ba sein Hausbau nimma weida,
sogn d´Leit: „Wos wülst d´nn van an Hummaleida?"

Wül a Meintsch die neichsti Moudi trogn,
sa tuschln s´: „Schau s´niar ou – de^i stöült in Krogn!"

Wia^{r}d oan sei^n Bui guar Intschinea^r,
sa hea^{r}st gleich sogn: „Va wou is a^r d´nn hea^r?"

Sou wia^{r}d holt kebült – dua^{r}t umd dou,
die Leit – de^i moan´s jo meistns nit asou.

Ih keinn fiar O u g a u ´s olascheinsti Wua^{r}t:
Wear oa^{n}mul dou is gwe^{i}n – wül nimma fua^{r}t!

Aus: Franz Hannabauer:
Kreiz und zwearigst : duarch Laumd und Zeit ; Gedichte
und Erzählungen in burgenländischer Mundart. Oggau, 2008.

Die Dorfschule

Dorothea Marth

In unserem Dorf gab es seinerzeit eine einklassige Dorfschule. Der Lehrer mußte alle Schulstufen unterrichten. Durch viele Aktivitäten des Lehrers wurde das Dorfleben sehr bereichert.

Vor den beiden Kriegen hörten die Kinder zumeist im Alter von 12 Jahren mit dem Schulbesuch auf, da sie dann bereits daheim zur Arbeit herangezogen wurden. Zu ihren Pflichten gehörte dann unter anderem, die Kühe auf die Weide zu bringen und wieder heimzuholen. Bei den leichteren Arbeiten im Haus und auf dem Feld mußten sie ebenfalls mithelfen. So lernten sie die bäuerlichen Arbeiten bereits in ihrer Kindheit von den Eltern und konnten so die erworbenen Kenntnisse in ihrem späteren Leben nutzen.

Unsere Großmutter lernte in ihrer Kindheit in der einklassigen Schule am Anfang noch Ungarisch. Einige Worte und Zahlen kennt sie noch heute. Deutsch lernte sie nur eine Stunde in der Woche. In den kroatischen Dörfern wurde nur Kroatisch, in den ungarischen Dörfern nur Ungarisch gesprochen.

Ein Jahr besuchte sie die Schule, dann begann der Erste Weltkrieg. Die Schule wurde für ein Jahr geschlossen, da kein Lehrer mehr da war. Ab der dritten Schulstufe kam dann schon Deutsch in den Unterrichtsplan. In den Fünfziger-Jahren waren noch an die 45 Kinder in der Schule. Aber allmählich wurden es von Jahr zu Jahr weniger. Als die Hauptschulpflicht dann eingeführt wurde, ging die Schülerzahl stark zurück. Durch die Gemeindezusammenlegung wurde unsere Dorfschule im Jahre 1965 endgültig geschlossen.

Meine eigenen Kinder fuhren bereits mit einem Schulbus nach St. Michael/B., als die großen Schulneubauten errichtet wurden. Leider ging damit auch ein Teil des Dorflebens verloren.

Aus: Dorothea Marth: Zuagroast : Geschichten und Gedichte.
Gamischdorf: Moser, 1993.

in da Schuö

Bettina Herowitsch-Putz

Tofö krotzn
Tinktn potzn

Zejga grechtln
umi speechtln

Strouf daraenna
Buchstom kaenna

Fejst studian
dou raucht 's Hian

Zsaommschieß kreegn
wiad scha ween

Jausn schlicka
Souckn stricka

Einsogn kejck
staehn im Ejck

Nix kapian
repetian

Aufzoagn – geh
tuan d'aomdan eh

Aufgoo mocha
d'Finga krocha

Owizaan
einidraan

's Blei guit spitzn
ejfta schwitzn

Gloubt ween goa
stöü da voa!

Mit'n Schumön
muißt di tumön

D'Glouckn leit
du liawi Zeit!

Rechnkeni
z'tuan nit waeni

Vöükaboe
dritta Foe

Recht vüü auf
pfeif haent drauf

Gschlaompat schreim
laenga bleim

Trotschn geen
nix mitkreegn

Streitn, raffa
Hejfta kaffa

Nix wia petzn
kreegn an Fetzn

Tofö putzn
jaaman, klutzn

Aufsotz schreim
im Bus speim

Leena vüü
dejs is's Züü!

Der Dorftrommler

Emmerich Loibl

Mein Großvater – Bauer und „Kiravoda", also Mesner – hatte in Unterfrauenhaid aus einem Erbanteil das Grötschl-Haus erworben. Besagter Bauernhof war einer, wie wir sie von den burgenländischen Straßendörfern her kennen, ein sogenannter Streckhof. Mit diesem Anwesen übernahm er auch einen Mann, der in diesem Haus eine Art Wohnrecht gehabt haben könnte. Umgangssprachlich benannte man ihn im Dorf als den „Koarl Batschi" – sein Name war kroatisch Meszerits. Dieser übte das Amt des „Kluarichtas" aus, war also eine Verbindungsperson zwischen Bürgermeister und Bevölkerung.

Der „Koarl Batschi" bekam sein Essen in Großvaters Haus; morgens ein mittelgroßes Blechhäferl mit warmer Milch, dazu reichlich Brot; mittags das Essen, das auch für die Familie gekocht wurde, aber nicht am gemeinsamen Tisch. Er holte es sich ab. Herr Koarl ging an manchen Tagen auch in andere Häuser im Dorf zum Mittagessen. Seine Schlafstelle hatte er am Dachboden, dort wo das Kleeheu – Rot-, Steirer- und Luzerner Klee – gelagert war, erreichbar über eine Sprossenleiter vom Hof her. Ein einfaches Deckenlager war seine Bettstatt im Sommer; im Winter errichtete er sich sein Lager im Kuhstall, oberhalb jener Stelle, wo die Kälber eingestallt standen, nahe bei einem Fenster.

Er sprach mehrere Sprachen, neben reinem Hochdeutsch auch Ungarisch, Kroatisch und natürlich auch Hianzisch. Auf mich als damals zehnjährigen Buben wirkte

heißen Sommertage ein Gewitter aufzog, wurde er unruhig, lief am Hof hin und her, sprach mit sich selbst, begab sich letztendlich ins sogenannte „Kesslhäusl", wo das Saufutter hergestellt wurde, und verschloss die Tür. Er war immer „warm angezogen" und trug auch im Sommer eine abgetragene, speckige, flache Kappe am Kopf. Barfußgehend wusch er sich seine Füße im trüben Wasser der großen Dorflacke, vis à vis vom Haus meines „Ähnls". Da sah ich auch, dass er eine lange Unterhose trug, eben, wenn er sich seine Beinkleider aufstrickte.

Neben Botengängen für die Gemeinde übte er auch das Amt des Dorftrommlers aus. War er ein Gemeindebediensteter? Sein amtliches Kundtun lief folgendermaßen ab: Am Kirchenplatz, nahe beim Gasthaus Merschitz, also im „Untan Oad", begann er mit einer längeren Abfolge von Trommelschlägen. Es war das die Zeit des späten Nachmittags, wo doch schon die Mehrzahl der Bauersleute von den Feldern heim-gekehrt war. Wenn dann Männer und Frauen aus ihren Höfen vor die Häuser traten, endete der Trommelschwall und man konnte seine Verkündigung hören, die da etwa so lautete: „Moring in da Friah, dou kummt da Viechhaundla, wer wos zan vakaffa hout, der sull dahoam bleibm!" Oder: „Af dWoucha kimmt da Sauschneida, wer a Fadl zan schnein hout, sull s in Biagamoasta möldn!" Dann vielleicht noch, um sich das Düngemittel zu besorgen: „Im Logahaus kaoun is Kali-Solz oghuld wean – in Bezugsschein nit vageissn!".

War alles vermeldet, so tat er einige kurze Schläge auf seiner kleinen Trommel, um dann weiterzugehen – 5 bis 6 Häuser weiter, auf Hörweite, um alsdort dasselbe zu berichten, und so weiter, bis hinauf ins „Oawari Oad".

So soll meinerseits des für das Dorf so wichtigen, einfach und bescheiden lebenden Menschen gedacht werden, des „Koarl Batschi" aus Frauhoad.

S Dorf und d Laid

Susanne Artner-Gager

I bin ge:n ba ins dahuam in Kreitz
za jeda Zeit, oub s da Ne:ibö zuide:ickt,
oub s an Schnee owaschneibt, oub im Fruihjoah ollas nouageht,
dou is ollas vulla Blia. Za Peda und Paul steht da Schnid voa da
Tia.
Und eascht in Hiabst, dou färbt si s Law sou sche:in bunt,
wenn nocha wieda die sche:ini Zeit zan Le:isn zuikummt.

De:is gaounzi Joah ummi is s ollawal sche:in,
i mecht nit fia läinga va dahuam fuatge:ihn.
Und houst daunn dei Oawat in Goartn und Haus
und is dia sou „zan Fuatge:ihn",
nocha gehst holt ah uamul aus.
Gehst außi af d Gossn, bist jo nit fre:imd,
wal a Jeda an Jedn ke:innt.
Re:idst mit d Nochbarn und griaßt olli Laid
und fiar a kluans Tratschal is ollawal Zeid.
Se:izt di zsaoumm mit d Schulfraind, houst vüll zan dazöhln,
bleibst vüll läinga sitzn, ols wost du houst wölln.
Untaholts di und lochst, de:is is a Labsoi fias Gmiat,
mearkst goa nit, wia schnöll ois s Mittanocht wiard.

Sou is s hold ba ins dahuam – s is ollawal sche:in
– S Doarf und d Laid – i mecht nit fuartge:ihn.

Die Wohl

Irmi Haunold

Jiadsmol, wann Wohln voa da Tia stehnga,
gibt s fia d Politika bsoundas vül z tuan!
Die hochn Damen und Hearn mocha iahnari
Wohlvaaoustoltunga in großn Hallen und Zöltn.
Die kluanan Kommunalpolitika gehnga in iahnari
Oatschoftn va Haus za Haus und mocha
Wohlweabung fia iahnari Partei.

Und sou hobm s hold ah ba da Huiwa Resi iahra Tia aoukloupft.

Die Rodn san keimma und hobm vasproucha,
dass da Resi iah Pensioun ah in Zukumft sicha is
und glei da Taiarung aoupasst wiad, owa nia,
wann s iah Stimm inn Rodn gib.

Die Türkisanan woan bei da Resi und hobm gsogt:
„Wann du ins wöhlst, sou brauchst kua Aoungst nit hobm,
dass du in a auswärtigs Oltasheim kimmst.
Na, na, mia schaun af insari oldn Laid!
Wöhl ins, und du brauchst da um dein Leibmsobmd kuani Sorgn mocha!"

Die Grianan hobm da Resi a sauware und intakte Umwöld vasproucha,
wann sie bei iahnara Partei am Wohltog iah Kraizal mocht!

Die Blaun hobm da Resi as Blaue van Himmü fiar iah Stimm zuigsogt.
Und die rosarodn Zuckal und eascht die pinkfoabane Brülln,
na dei Weabegeschenke hobm da Resi recht guid gfolln!

Jo,jo, die Resi woa mit olli Wohlweaba seah zfriedn
und alluoa aus den Grund houd sie am Wohltog
in Rodn, in Türkisanan, in Grianan, in Blaun und in Rosanan
iah Stimm geibm!

Dorfmusi

Josef Reichl

Qua quack, qua quack,
Sao geht′s in Tak
Vor ünsan Haus
Ba d′ Lockn daus.
Und drent in Gros
Spült mit famos,
Sao oft a wüll,
Kri-kri, da Grüll.
Und ah da Haoh
Zoags Weda ao,
Er woaß scha heunt,
Ob d′ Sunn morgn scheint!
Olls kling′, olls sing′
Grod wia am Wink.
Ah nebn nan Haus
Geht′s G′schroa nit aus –
Na daot schreit heunt
Da Storch, mir scheint!

Aus. Josef Reichl: Werke : Band 1. Eisenstadt:
Rötzer-Druck, 1981.

Trotschplotz

Barbara Toth

Zan Trotschplotz keimman die Lait,
and sei dazöhn si, wos gschehgn is hait:

Ban Bauan houts geibm an Sautaounz,
dou woan da Mülla, da Huiwa and ah da Fraounz.

D Erika houd an Opflstrudl hait bocha,
dou kinnan s hiaz eissn and ah locha.

Da Michl richt si scha fia moagn an Pflui,
owa hait houd a jeda scha gorwat gmui.

A jeda trifft si ban Trotschplotz mit sein Kumaroud
and hult si, wann an braucht, an Roud.

Im Gedenken an Anny Polster

Die Doaftrotsch'n

Anny Polster

Des Doaf hot sei' Sensation:
Bis hiatz hot neambd wos g'wißt,
daß da Beda (Peter) endli Bräutigaum ist.

Die Kathl-Moahm geht zan Beda,
denn des hot sie muads g'steat,
wei(l)'s sunst 's Gros woks'n heat.

Und da Beda locht listi:
„I hätt's da gean im Vatrau'n g'sogt,
owa Du host mi nit danoch g'frogt."

Aus: Anny Polster: Die Glasur : Gedichte, Aphorismen,
Kurzgeschichten. Eisenstadt: Prugg Verlag, 1966.

Die Schaluhexn

Erika Schimpl

Sie wissen ois und hom ois gsegn,
sie hom ois gheat und kinnan ois verstehn.
Sie huckn hinta jedem Fensta,
brauchst nit glauben, des wan Gespensta!

Na, na, die Schalu verdeckt ihr Gsicht
und sie glauben, man siacht sie nicht,
Owa, wann da Vorhang langsam zur Seitn geht,
was a jeda, wer dahinter steht –

Die Schaluhex is, du glaubst mas net?
Die was ois, wos im Dorf wird gred.
Und manchsmol is Schaluhexntreffn auf da Gossn,
dann vahoit die leise auf da Stroßn!

Fia die Hexn gibt´s a kua genaue Togeszeit,
fia a urdentliches Tratscherl seins imma bereit.
Und dann kinnans drübaziagn,
schimpfn, übertreiben und liagn:

"Da Schmied, der hot sei Frau vadroschn,
an Lehrer seine Kinda hom a blede Goschn.
An Pforra sei Predigt woa vü z´fad,
mei, die Schuasta-Lilli wird da blad!
Und hot der Hans as Aufgebot scha bstöd?
Wann der Bäck so weidasauft, dann is ois gföd.
Da Biagamasta hot gestern nit griaßt
und an Jaga seine Hund hom die Bluman vawiast.
Da Huberin ihre Kotzn kean olle datränkt!
Wer hot da Frau Direktor an Nerzmantel gschenkt?
Da Franzl hot mit da Resl a Gspusi,
dabei woa er mit da Marie auf da Musi.
Die Jugend va heit, dei is nix mea wert,
wissen hoit nit mea, wos si so gheart!"

Und so geht des Stund um Stund
und kuane kaun si hoitn ihrn Mund.
Bis sa si ins Haus zruckvaziagn,
hintan Vorhaung, ohne Gmiagn.

Duat liegn dann die Schaluhexn auf da Wocht.
Passn auf, wos gschicht, Tog und Nocht,
drum Leitln nemmts eich jo in Ocht,
wal boid hinta jeda Schalu a Hex leis locht.

Gmiagn = Genügsamkeit
Schalu = Jalousie

Aus: Erika Schimpl: Dorfgschichtn. Rudersdorf: Eigenverlag, 1999.

D´ Stodtkapelln

Bella Bodendorfer

D´ Stodtkapelln bloust heint ihr ersts Konzert.
Kemmps olli her, dos is ´s Zualousn wert!
Die meistn Leit gfollt´s, wos de »Humtrara« spült.
just hoaklichi Oahrwaschl we(r)n a weng wüld.
Der, wos ´s Klarinett bloust, steht gaunz in der Näh.
Schen zaudari schupft er die Töne af d´Höh.
Wia schwiari dos is, dos denkat ma nia!
Kimm her und probier´s und blous amul ia!
In Bumbardou geihn ah ouft die Töne danebm.
Ins mocht dos nix aus, wal sou wos kaunn´s gebm.
Die Bläser, de mocha gou ouft a dumms Gschau,
wal, wos s´ Obmauf iablousn, kimmp int nit au.
Lousts, wos a Witzbuld hint boushofti zischt:
»De hobm jo gstott d´ Noutn die Fluignschieß dawischt.«
A Kritiker is holt meistns a Maunn,
der völli nix woaß und nouh wenga kaunn.
»Es geht nit um d´ Oper,«, denk ih holt und moan:
»Für ins und fürn Rundfunk wird´s as scha toan.«

Aus: Bella Bodendorfer: Da locht da Hianz : Gedichte in burgenländischer Mundart. Wels: Verlag Welsermühl, 1978.

Gmouatrotschn

Christine Steiner

Olli Lait hobm die Nettlmuam keinnt.
Ois Easchti hout s gwisst, wann s in Dorf hout wou breinnt.
Jiadi Naiichkeit hout s braoucht dahea.
Natirli hout s draus gmocht - olwal meah.
Terisch is gwein, hout d Hölfti nua gheat,
hout ollas vadraht und za unrecht bleat.
Maounixmul hout s an Plunda dazöühlt,
dass s denna Lait hout d Hoar aufgstöült.

Den Steffiveida hout s steabm sougoa lossn.
Wia a Lauffaia is deis gaounga duarach d Gossn.
In Gschäft san s gstaountn dei Lait beinaound,
sou wia s hoit da Brauch is afn Laound.
Um den guidn Steffi hout d Kathl grod bleat,
wia s af uamol d Nettl schrein hout gheat:

„Meina Söl, i siach nit recht, schauts olli hea!
Da Steffi kimmt, hob gmuat, den gibts nit meah!
Veida, dei Lait san schlecht, hobm di steabm lossn.
Du bist jo pumpalgsund, deis is jo nit zan fossn!
Nettlmuam lous zui, wos i da hiaz tui sogn:
Ois Gmouatrotschn sulltast an Maulkoab du trogn!"

Neumodisches Zuig

Rosemarie Gesslbauer

Laung is Oberwoart ohne Aumpl auskäimma, owa die Autos sein oiwal mehr woarn und sou hout ma sihs iwalegt und die erschte Aumpl montiert.

Sou sein ma uamui ba da Kreizung gstaundn, a etla Leit hobn gwoart, dass endlih grian scholt.

Af oamui remplt mih va hintn wer aun und zwengt sih viari, owa wia. Hiaz gsegn ma an oids Muatal mit an laungan Kittl und an Kopftui, wias schnurstraks iwa däi Strossn wüll. A Polizist, der danebn gstaundn ist, hots grod nou ban Westniarml dawischt.

„Hallo, säi dou, gsegns nit dass grod rot is, frogt da Maunn. „Wos is rot?" schreits Weibl zruck. „Na hearns, däi Aumpl durt, schauns uamui. Gsegns es?" Da Gendarm beitlt in Kopf.

„Seit waunn is da däis Glumpat dou? Nou nia hob ih dou sou a Kramperlbeleichtung gmirkt", muants fuxteifelswüd und ihre Stirnfoitn zuign sih zaum wia banan Dackel.

Geduldi wüll ihr da Maunn sogn, wiasou däis asou is, owa er kimmt nit zan redn, wal sie schreitn aun. „Ah, wos, hiaz bin ich nou oiwal iwa d Stroßn gaunga, waunn ih hob wulln und ih bin scha sou oid und hiazn af uamui kammatns daher und mochatn Vurschriftn."

„Jo däis geht hoit niamma aunders, Gnä Frau."

Sie stemmb ihr Haund in d Hüftn, mit da aundarn fuchtlts vor seina Nosn umadum. „Säi kinna ma gstuln bleibm mit däin Apparatl durt obn und aussadem – ich bin kua Gnäfrau. Jo gnädi hob ihs scha, wal ih zar Tochta muiß, däi woart. Pfiat iahna Herr Gendarm!" Flugs woars furt. Zan Glick hout d Aumpl scho umgschoit.

D Leit sein af da Strossn stäihn bliebn und hobn gschmunzlt. Däi guidi Frau wäittat mit iahrn Taschl in da Luft weida, draht sih noumoi um und schreit: „Neimodischs Zuig neimodischs, und rot und grian, däi Forbn hob ih sei Tog nou nia vaputzn käinna."

Aus: Rosemarie Gesslbauer: Es braucht ois sei Zeit. Graz: SoralPro Verlag, 2010.

As Greißlastearbm

Renate Gyaki

Es is sehr söltsam, wia ollas variwageht,
nix dou, wos fia imma und ewig besteht.
Die naichi Zeit wird ins bold iwareinnan,
mia wean Vülas nua van Dazöhln meah keinnan.

Uans wos ma aouliegt, is as Greißlasteabm.
I wüll niamd d Fraid am Furtschritt vadeabm.
Owa es is nit zan laignan, dass s friacha gmiatlicha woa,
deis Huamalige vaschwindt laoungsaoum va Joah za Joah.

Zan Beispül: Die Uan tat Sunntog Friah gean wos Aufgehads bocha,
hiatz föhlt iah d Geam und sou kaou s as nit mocha.
In sou an Foll tat s gschwind zan Greißla ummilaffn,
um si sou a kluans Eickal z kaffn.

Grod daneh houd si da Sölm wuhlig im Beitt ausgstreickt,
is va iahn laudn Pumpan nou gaounz daschreickt.
Schnöll eini in Heimmad und Unterhousn,
vabei mit inta da Tuchat drin lousn.

Kam is deis Weibsbüld wieda fuat,
denkt si da Guidi, i bleib glei duat.
Wal dou kimmt scha a Trangla um sein Schnops,
hint nouchi a Bui um sauri Drops.

Imma amul houd a bis spoud in d Nocht kua Ruih,
am beistn warad s, ea spiarad glei goa nit zui.
Bei dei großn Supamärkt kaoust deis nit mocha,
muißt trochtn, dass d dahuam houst deini siebm Socha.

Wia s nua sou mitanaounda um d Kundschoft weabm,
es is kua Wunda, dass dei kluanan Gschäfta steabm.
Jedn Tog dei Zeidl in d Haisa fliagn,
dss d vöülli glaubst, es is ollas umasist zan kriagn.

I woaß nou, dozumol hobm vül iahnan Einkauf in a Biachl gschriebm,
nocha woar kua Göld dou, oftn san s as hold schuldi bliebm.
Va den Greischalzöhln kaou ma nit af Daua iwaleibm
und sou wiad s leida bold kuani Greißla meah geibm.

da weana, da fritz und i
feri kopp

deis ois dou, wos hiazt deis rückhaltebeckn is,
woa friacha a grossi wiesn und houd „drei bamal in grobm" ghoassn.
und dou, wou s in weich bis za da roahbruckn auffi asfaltiat hobm,
dou houd da kluane dschungl aougfaounga.

und dou, ba d eisdeicht vabei, is s auffigounga in großn dschungl.
und afn hechstn bam hobm da weana, da fritz und i insa bamhittn baut.
und dou oubm hobm ma iwa olli koarl may biachl dischgriat,
dei wos ma ins olli diensto
ban sexl af da bochdeikn ausgleicht hobm.

fufzg grouschn fia siebm tog ausleicha.
da koarl may in an braun pockpaopia,iwa fümfhundat seitn,
owa mia woan schnö.
schnöla wia da old tschettahend afn hatatitla.
und da weana, da fritz und i hobm d biachln tauscht untaranounda.
um fufzg grouschn! – zwoa koarl may extra!

dou drübm, wou deis gros sou göb is,
dou woa d saoundgschteiktn, wou da richad vaschitt woon is.
da oidi wüfing, dea mit d rouss d packln van baounhouf
za d laid broucht houd,
dea houd ins söbm ban ausgrobn ghuifa.

ban richad seina leich woan iwa tausnd laid.
d madln hobm weiße kloadln aounghobt, wia ban umgaoung.
und da weana, da fritz und i hobm routz und wossa great,
owa deis houd in richad a nix gnutzt.

dou ban weidnbam is d schtöi, wou i eichara oma gsogt hob,
dass s iwa s bachal za mia hupfn sui, waoun s mi geen houd.
s bachl woa söbm gaounz schai broad und i hob s nua im gschpoass gmoant –
owa eicha oma is ghupft.

deis bachl rinnt eini nouch mattaschdoaf und weida bis zan see.
Und es is guid, dass s hiaz deis rückhaltebeckn gmocht hobm.
wal maounchmoi, waoun a schwara wuiknbruch owagounga is,
dou is s wossa sougoa unt am hauptplotz gschtaoundn.

oamui woa s wossa am hauptplotz sou hoch,
dass s iwa d schtiagn owi is in deis eisntandlagschäft va mein voda.
owa da weana, da fritz und i woan stuitz af insan see am hauptplotz,
und da weana houd gmoand: souwos bringa s nidamui in venedig zsaoumm.

's Bankerl nebm da Kircha

Hans Krenn

Nebm da Kircha steht a Bankerl,
lod´t ei(n) fir a kurzi Rost
und a Plauscherl mitanaonda. –
Jeda is a liaba Gost.

Oft gmui bin i nir vorbeigfoahrn
und hob umigwinkt und gsehgn:
olli sitzn schei(n) banaonda,
Gott sei Daonk, es is nix gschehgn.

Erst seit unlängst, ban Vorbeifoahrn,
follt ma ´s Umischaun so schwa(r)
wal oa(n) Platzerl afm Bankerl
is und bleibt fir ollwal laa(r).

Für meine Mutter (4.5.1998)

Aus: Hans Krenn: Umi za dir : Gedichte und Prosa in burgenländischer Mundart. Oberwart: Edition lex liszt 12, 2015.

Friedhofsgaude

Gernot Schönfeldinger

I holt mi gern aom Friedhof auf,
do gspiar i, dass i leb,
a jeds Begräbnis is a Fest,
des glei mei Stimmung hebt.
Wer untn liegt hot scho valuarn,
drum bleib i obenauf,
taonz Samba aufm Leichnschmaus
und schiab die Trauer auf.

I holt mi gern aom Friedhof auf,
do wird mir niemols fad,
sogor mei Olde losst mi redn
und is gaonz stüll und stad.
Seit sie lag unterm LKW
ist d'Liab no gräßer gwordn,
an gaonzn Tog bin i bei ihr –
daonn derf i wieder foahrn.

I holt mi gern aom Friedhof auf,
waonn i kaonn oben stehn,
waonns mi frogts, sulln di aondern sterbn,
i brauchs net wiedersehn.
Wias glebt haom woarns nur holb so nett,
haom nur Probleme gmocht,
so vül wia heit, wos untn liegn,
hobm mia sunst söltn glocht.

Aus: Gernot Schönfeldinger: Und die Hoffnung starb zuletzt.
Oberwart: edition lex liszt 12, 2012.

Ollahaound Gschichtln
und Gedichtln

Versuch eines Heimatgedichtes

Michael Hess

du kiaschbam im weichat in volla blia
wieso bist du nimma mea bei mia
dabei kammast ma grod jiatz echt recht
so wia a kritische zeun vom bertl brecht

so maunch glückliche stund host du mia gschenkt
nua amoi hob i ma wegn dia di schuita ausgrenkt
friacha bin i no auf dia umanaunda kraxlt
a bissl späda hob i in dein schottn gschnaxlt

deine früchte di schmeckn so wunderboa siaß
nua zsaum mit ana müch host recht a gschis
mei bruada hot deswegn a amoi ziemlich gschpiebm
trotzdem bist du fia imma in mein herzn drin

Aus: Michael Hess: zu dicht. Oberwart: edition lex liszt, 2010.

Maibamkraxln

Josef Berghofer

Griani Blattl, roti Mascherl,
a Poar Wirschtl, a vulls Flascherl
und a färbigs Lebzöltherz –
sao wochst da Maibam himmlwärts.

D´ Diandln schaun, d´ Burschn lochn:
„Wer wiad´s heint zan erschtn damochn?"
Glott d´ Rindn, hoch da Staomm,
gehn ma´s an in Gottes Naom!"

A der Sepp, der tuit sih krotzn
und dann spuckt a in d´ Protzn,
finf Griff auffi, ´s is´ a Plo,
zwoa Griff rutscht a wieda o.

Wia a rutscht, siacht a d´ Lisl
und greift wieda, wia a Wiesl.
D´ Lisl stad zan Erdbodn schaut,
nur ihr Herzerl pumpert laut.

D´ Burschn schrein: „Sepp, steif d´ Finga!"
D´ Diandln tuschln: „Wiad as zwinga?"
Da Sepp siacht nur, wos obn hängt –
mocht a poar Hangla, bis as glängt.

Mocht an Zuzler aus´n Flascherl,
nimmt a rots und a weiß´s Mascherl,
mocht an Juiza, laut und höll
und greift´s Lebzöltherz dann schnöll.

„Bravo, Sepp!" schrein s´ duranand.

Der holt ´s Herzerl in da Hand,
hängt´s dann da Lisl um an Hals,
und deis Diandal, deis woaß olls.

Aus: Josef Berghofer: Wia a Rebn is ´s Leben. Eisenstadt: Rötzer, 1994.

Sauabrunna Sauawåssa

Franz Geissler

Mei Opa und ih san voa iwa sechzg Joahn
vou Mattaschdoaf mid n Zug eïftas nouch Sauabrunn gfoahn.
Midghåbt håmma zwoa dicki Leïdatåschn,
in deïna woan je zwoa schwari Koabflåschn.
Zan Esterhazy seina Paul-Quöün håmma wuin,
um vou duat a poa Lita Sauawåssa z huin.
Deïs Wåssa houd gaounz eign gschmeïckt,
und, obwui deï Flåschn innan woan total vadreïckt,
håbm ålli gsågt, deïs is a Eisn und dahea recht gsund,
waunn s ah ausgschaut houd wia da Urin vou an Hund.
Af jeïdn Foi houd s pricklt, und deïs woa wås weard,
weu s zoagt houd, dass s kimmt vou tiaf unta da Eard.
Mid da Zeid is deï Paul-Quöün åwa sauwa vawassat woan
und houd dadurch ah aun Bedaitung valoan.
Deïsweïgn houd d Gmoa vou sich aus voa Oart
in d Sechzga-Joah nouch an eiganan Arthesa boahrt
und ah uan gfundn! Deïs woa vielleicht a Fraid,
und houd an naichn Aoufaung fia n Kuaroart bedait.
Vüli Joah sein seit söbm schou vagaunga
und ma houd imma wieda naich zan Boahn aougfaunga.
Eascht 2017 håbm s wieda a naiche Quöün gfåsst,
bevoa deï oide zsaummfoit und d Kråft valåsst.
Deïs naiche Wåssa sui jå nou vü meahra wia s oidi keïnna:
si warad näimlich a Wuühtåt fia gewisse Mäinna!
Austan, Zöla, Ginko und Viagra sein a Dreïck dageïgn
houd ma ba einschläigige Vasuche gsehgn:
lousst ma-r-a Quarzuahr in deïn Wåssa schwimma,
daunn stehd deï zwoa Tåch späida nou imma!

Ollahaund Laund

Wolfgang Millendorfer

Strom-Mostn in da Laundschoft zöhn
ans bis simazwanzg …
Hoit! Vazöht!
Faung naumoi aou – host eh gnua Zeit

Laund-Stroßn

Laund-Stroßn – daunn wida Laund
Baam – dahinter Higln
Laund-Bundes-Stroßn foahn
imma grodaus
mit Baam links und rechts
Bundes-Stroßn-Autobus foahn
umadum in da Gegend
ohne obiagn

Die Fuachn

Die Fuachn vom Ocka is laa und ausgramt
Da Wind is koid und tuat ma weh
Ois ondare is hih und odraht
Da Winter kummt und draußt ka Schnee

Da Wind kummt wida – imma schnölla
Und wida is ois zfruach vanicht
Ois ondare, wos bleim hot wuin:
a Fuachn auf mein zfuachtn Gsicht

Dritte Zeile

Zwa hob i scho.
Die dritte is nur a Froge der Zeit.

Die Tia

Mocht der do afoch die Tia auf
und sogt: i bin do.
Nur gaunz leise zwoa,
owa do is a

in d´ Friah

Gisela Halwachs

Auf d´ Höh´ bin i g´sess´n,
hob ins Tol einigschaut,
recht zeitli in d´ Friah is g´wesn,
a Bäurin hout scha Burgunda g´haut.

Dos erste Vogerl hout aongfaong(t) zum Singa,
´s Dorf woa(r) nao vaschloufn und stüll.
I hob goa(r) nit aonders kinna,
hob lousn me(i)ßn, wos ma ´s Vogerl sogn wüll.

Schau, hout´s gsog(t), jed´s Bleamal und Graserl
zier´n kristollkloare Perlen aus Tau,
durt, iwan Woldraond, hupft a kloa(n)s Haserl
und da Himml färb´ si scha blau.

Vasülberte Spinnawe(i)bn iwan Wiesnroa(n)
wiagn si im Wind sou saonft und fein,
mir is, i wär auf d´ Wölt gaonz alloa(n),
die Luft is nao sou kloa(r) und rein.

A Haohn kraht – vom Kirchturm kling(t) ´s Betläutn her,
und i bi(n) sou glickli und mei Herz schlog(t) vull Freid,
koa Unrost, nur Fried´n, Mensch wos wüllst du nao mehr,
in d´ Friah is dou die ollersche(i)nst´ Zeit.

Aus: Gisela Halwachs: Vor laonga Zeit und heit : Heitere und gefühlvolle
Geschichten und Gedichte in Mundart und Hochdeutsch.
Kemeten: Eigenverlag, 1996.

Die Radltour

Renate Hofer

Es is wieda sou weit. Die olljährliche Radltour van Herrnstaoummtisch steht voa da Tia. Die Teilneihma putzn und maschaln iahnari Radl, am Vorobmd wird nou tichtig Foahrwossa naouchgfüllt, da Ehrgeiz wird aipockt und um ochti in da Friah hängan s startbereit iwa iahnari Guwanal. Af da Quetschn wiad da Marsch „Alte Kameraden" aougstimmt, a poar tankn nou schnöll an Kurvngeist naouch und lous gehts – iwa Aschau, auffi naouch Schmidraith, ummi naouch Hochart, owi naouch Pinkaföld, daunn wieda zruck naouch Ouwaschitzn.

Da Michl is wieda da Easchti. Er tritt wiar a Narrischa die Aouheh auffi. Owa ban Owifoahrn head a af amul hinta iahm a muats a Gschroa. „Nit sou schnöll … du fiahst ins nou in Grobm eini … naouch liiiinks … Heiland steh ma bei … na sou a deppats Maounnsbüld!" … und houst as nit gsehgn, saust wia da Blitz da Toni vorbei, am Packltroga sei Frau, die Liesl. „Bremsn!" kreischt d Liesl mit uana Lautstärkn, dass s as Trummlföll zsaoummhaut, „brems endli! … na der kaou wos daleibm, wann ma wieda dahuam san." Owa da Toni, gaounz in sein Element, leigt si in dRechtskurvn, nimmt nou an kluan Obsteicha iwa dWiesn und foahrt wia da Teifl bergowi. Sei Aoungetraute hupft hint am Radl wia a Gummiboll und keift aus Leibeskräftn. Wia si da Michl va sein Schreickn dafaoungt hout, jogt a den Narrischn hintahea. Ba da nächstn Steigung huld an endli ai – wal d Liesl is hint drauf dou a weingl schwa – und schreit za den Raser ummi: „Bist Du denn va olli guadn Geista valloussn, wos tuat denn dai Frau am Packltroga?" Da Toni grinst vawäign und schreit zruck: „I hob s gstott da Radlglouckn mit, dei hobm s ma gstuhln!"

Am Waichatwei draussd

Alois Rohrer

Am Waichatwei draussd steht a oidi Baounk
Danebmaou a Martal, koanns woaß mehr wia laoung

Duat bin i schou gseissn, dou woar i a Kind
Hob trotzt jedn Weida, ba Reign und ba Wind

Duat bin i schou gseissn, dou woar i nou kloa
Za zweit oda za meahras und ouftmols alloa

Duat hob i ouft glocht und ah great daounn und waounn
Und maounchmol ah bett, wann s mir woa mol baoung

Duat sitz i ah hait nou, keahr ouft in mi ai
I winsch ma van Heargoutt, es sull laoung nou sou sai

Die beste Lösung

Gerda Novosel

Sie steht ban Oufn, riahrt und tramt,
und hout as Hischaou glott vasamt.
As Öl woar gaounz schnö iwahitzt
und is iah daunn ins Gsicht hold gspritzt.

Vor Schmeazn hout sie laut glei gschrian,
jo schiache Noabm wean iah bliahn.
Daunn sogt da Oazt iahr in Spitol,
deis warat a gaounz a schwara Foll.

Verzweiflt hout s drauf hingschaut,
doch er muant: „Wir transplantiern a Haut!
Gaounz sicha kriagn ma deis ah hin,
nur Jamman hout hiaz goa kuan Sinn."

Vielleicht vom Bauch, er iwalegt,
doch sie im Summa bauchfrei trägt.
Er schaut die Ouwaschenkl aou,
doch dou sogt schnö iah liawa Maou:

„De schenan Fiaß, de meissn bleibm,
dou deaf af kuan Foll ea schneidn!"
Und sei Idee kummt gaounz spontan:
„Schaun S Iahna mei Hintatal dou an!"

Da Doukta sogt: „Deis moch ma so!"
Hiaz hout s a Gsicht va sein Popo.
Glei grinst a vulla Hintalist,
wal d Schwiegamutta grod sein Hintan küsst.

Dei naichi Zeit

Margarete Randysek

Laound auf, Laound o vabrauch ma Strom.
Ois geht elektrisch, mia wulln s sou hobm.
As Haus is smart vanetzt.
Va an elektrischn Wochta besetzt.
Dea mocht Schodn oda Liacht,
wal er s scha voa ins gsiacht.
Heizung, Klima, Stereo
braucht an Strom genau asou.
E-Herd, Kühlschraounk, Woschmaschin
brauchn Strom, wenn s nou nit hin.
Kaffeemaschin und Wossakoucha,
Laptop, Fernseha, Wäschetrockna –
des ollas geht mit Strom.
Va wou sull ma den hobm?
Elektrisch sulln hiaz olle foahn.
Dou kinna ma ins kuan Strom daspoan.
Smartphone, I-Pad muaßt ah lodn.
D Battarie van Gari braucht vül Strom.

Mit Wossa, Sunn und Wind,
mit Mist va d Sau und Rind
wiad Strom fia ins erzaigt,
wos leida goar nit reicht.
Am End geht Zwentendorf aouns Neitz.
Dou war i schou entseitzt.
Dea Strom, dea gifti strohlt,
kennt sai, mia wean nit old.

Vül Zaig, wos d naichi Zeit valaoungt
mocht mia schou Aoungst und Baoung.

Moch ma söwa zui die Tiarn.
Nutz ma insa eignes Hiarn.
Häng ma d Wäisch in Goartn.
Trickat gschwind, brauchst nit laoung woartn.
Gemma z Fuiß und foahn mit m Radl.
Deis is guid fia insre Wadl.
Keimma zsaoumm zan söwa singa.
Kinnts ah a Bocharei mitbringa.
Reid ma ins zsaoumm zan dischgrian.
Louss ma ins nit elektrisch papialn.

Ban Bacher

Edith Schmid

Wou 's Bacherl rinnt im Wiesngrund
verbring i geen sou maunchi Stund
I setz mi intern großn Bam
schau in sei' Bladldoch und tram
louss däi Gedanga freien Lauf
Nix holt mi dou van Trama auf
Hör d' Vögerl zui, wia s' jubilierr
und gfreu mi, wal die Bliamal blüahn

As Bacherl gluckert, rauscht gaunz leis
und murmelt furt nouch seiner Weis
Es rinnt und laft sou wia die Zeit
gaunz ouhni Host und endlos weit
Wad a sou leicht mei' Lebnslauf
kua' Hindernis holdert mi auf

A tulfs Verlaunga greift hiatz Plotz
i deng an mein allerliabstn Schotz
Möcht mit 'n Wind und d' Wulkn zuigr
Und über d' Berg za iahm hi(n) fluign
Sou tram i furt vull Sööligkeit
as Rauschn klingt wia Ewigkeit

Aus: Edith Schmidt: Gedichte und Geschichten in Bernsteiner Mundart. Bernstein: Eigenverl., 2012

i bin a Glickspüz!

Theresia Dombi

Gwunna hob i, Goud sei Daunk,
mitspün tui i eh schau laung,
Göd, hob i schau gmui eigseitzt,
leida – woa i nie vaneitzt –
mitn Himmpvoda draubm –
owa heit deaf i iam glaubm!

Auszohlt hot sa sie a,
da Gewinn is ziemlich schwa.
Mechts leicht wissen, wievü dass is,
dies varaut i – gaunz gwiss!!!

I, wia ma hiaz wos leistn,
sou wia in unsra Gmua di meistn!

A neichs Auto deis muiß hea –
die oltn Hodan scheing i hea! Wü die wea???
Kaf ma lauta neiches Gwaund,
wal deis wa jo ollahaund!

Eindlich is amul souweit –
i nimm ma söwa fia mi Zeit!
Mecht ma a a Zaummramarin leistn –
sou wia meinei Nochbarinnen – die meistn!

Brauch ban eikaufn nit spoan –
Kauf ma söwa mea kuan Schmoan!
A guids Loka suich i ma aus ---
Leibnm mecht i in Saus und Braus!!!

Ins Kosmetikstudio mecht i gei,
was daunn wia i wieda schei!!!

Ollas is bestöüt!!!

Owa hiaz – o Graus!
Die Gschicht is naunit aus!
I schau mia deis eascht genau ollas au –
Hob mi um 3 Nulln vadau!

I moch ma gaunz grossi Soagn!
Mecht ma vielleicht wea wos boagn?
Wia sul dies hiaz weidagei –
Bold wia i nockad daustei!

Mei gaunz Gwaund hob i vascheinkt –
Und leida nit draudeinkt,
dass dies a aundas keimma kaun –
wia sog i dies nua mein oaman Mau???

I hob glaubt, es is mea –
wou nimm i hiaz deis Göd ollas hea?
Wos i augschofft ho – muiss i zoln,
voabei is mitn proln!

S Leibm is hiaz gaunz schwa ---.
Das Konto auf da Bank is laaaaa!!!

Da Germtoa

Karin Ritter

Die Muida riahd aus ollahaound Socha
an Germtoa o, zan Wuchtlbocha.
Den Toa lousst s in da Schissl staih,
wal hiaz sullt a nou richti gaih.
Dawal wüll s die Zeid ausnutzn,
es gib jo ollwal wos zan Putzn.
Sie ramt und werkld fuad in Haus,
die Orwat dei gehd sou nia aus.
Ial in da Kuchl sitzt ihr Bui,
da Michal, schaud in Germtoa zui,
wia dea dou afn Tisch oubm steht,
si laoungsaoum riegld und gehd und gehd,
und ollwal gressa wiad und meah,
hiaz wolzt a si iwa die Tischplottn hea,
und hängt scha af n Fuißboudn zui,
duat staih an Michal seine Schuih.
Da Bui, der schaud! In d Schuih, in seini,
zahd si da Gearmtoa laoungsaoum aini.
Hiaz war s nid schled, wann d Muida kamat,
und si dou um dei Soch aounahmat.
Af uaml schreit s: „He, Michal, reid,
und sog ma s, oub dea Toa scha gehd!"
Da Bui, der is gaounz fasziniat,
wos er dou fia a Schauspül gsiaht.
„Kimm hear schnöll", schreid a, „der lafft davaou,
er leig si meini Schuih grod aou!"

Ollahalinggedounga

Herta Schreiner

Wounn Ollahaling und Ollasööln zuwakimmt, dou muiß ma afs Sterbm denga. Wounn ma jinga is, dou denkt ma nia, daß d´ oundan sterbm miassn, die oldn Leit und jungi, dei wos holt grod a Pech hobm. Owa wounn ma ölda wird, nocha rechnt ma erscht mit den, daß ma söwa a drou kimmt.

Wounn ma sie mit den Gedounga amul ougfreindt hout, nocha kimmt amul da Tog, wou ma in Friedhouf steht und gounz niacht af sei eigani Lei(ch) denkt: Moands, wou wen s´ denn mi amul hinlegn? Eppa dou nit in deis Winkl hintari wou koa Teifl mehr vabeigeht? Ba den Gedounga kimmt´s oan, daß ma si deis Platzl ba Lebzeitn aussuia sullt, wou ma nocha bis in olli Ewigkeit liegn muiß. Najo foung i holt zan aussuia ou. Wou wa´s denn am scheinstn? Glei in da erschtn Reih nit, wal dou tritt jeder af oan umanound. Af da Stroußnseitn a nit, wou Tog und Nocht d´ Auto vabeifohn, dou hätt ma jo gua koa Ruih. Af da entan Seitn eppa. Owa durt brennt wieder in gounzn Tog die Sunn hin, woaß ma´s, ob si wer fir´s Blumanguißn Zeit nehma wird? Und dena Stoaplottan bin i a sou feind. An Menschn a sou zuibetoniern, wia wounn sa si firchtn tatn, daß ma wieder außa kimmt.

Jo, wou nocha? In da zweitn Reih wa´s am scheinstn, owa durt liegt wieder oani, dei wos i ba Lebzeitn nit mögn hob. Za dera Trotschn leg a mi a nit zuwi, dei liaßat ma nitamul in da Ewigkeit a Ruih. Owa Bekounnti wöllat i schou nebm hobm, inta lauta Fremdi kimmt ma si jo gounz valoussn via. A Platzl, wou oan ollas paßt, is gua nit sou leicht zan findn. Nocha wüll ma jo a nou an Grobstoa. Woaß ma´s, wos oan d´ Junga fir oan hintoan? Na, den Stoa zohl a ma schou söwa. Der sull schou a weni wos gleichschau, wal fir wos hob i denn mei Lewitog gspoart? Oamul wüll i jo a wos hobm fir mei Göld.

Wounn i a sou denk, dei Socha mit den Grob mocht ma schou a wal Scherarein. Bis Ollahaling kimm i dou nit iwaroad, und sist denk i jo ´s gounzi Joahr nit drou. I wia´s gua bleibm loussn, i hob hiatz nit sou vül Zeit. Is jo nit sou gnedi. Afs Joahr wia-r-i weidaschau, afs Joahr za d´ Ollahaling.

Aus: Herta Schreiner: Die Knödlrutschn und andere Erzählungen in burgenländischer Mundart. Eisenstatt: Verlag Nentwich, 1982.

Nochtmuhl in Odvent

Heidelinde Ritter

Geh hea dou, ruckts ummi, kimm, seitz di dazua,
s gib Grumpiarn und Grammln und Butta nou gmuah!

A Müli hult d Resal, d Kaounl is nou vull,
Da Samül gloungt nit hea, z weit weig is da Stuhl.

Er plärrt, is recht hummari, mecht scha wos kriagn,
Da Kluani muaß woatn, niamd wüll iahm traktian.

D Nahnl schölt fiars Kind hiaz a Grumpiarn nou mid,
gibt iahm a Breickal und glei is a Fried.

D Muada leigt nou a Stuck Brot hi am Tisch,
Deis Buawal isst brav mit und is nou recht frisch.

San s fiati, wiad ogramt und heagstöllt da Kraounz,
aouzundn die Kiarzn. Die Augn vulla Glaounz
schaut s Kind in die Mittn und gfrait si, wal s klingt,
wann umatum jeda hiaz aoudächti singt.

„Es wiad scha glei dumpa", deis meign olli gean,
wann meahras Lait singa, dou gibt s wos zan hean.

Da Klaoung mischt si guad und die Kuchl schaut aus
wia in Christkindl sai naichs Gsaoungsprouwiahaus.

Nochtmuhl in Odvent is da gmiatliche Schluss,
van Tog vulla Oawat und maounchn Vadruss.

Van Kalenda d Gschicht leist da Voda daunn voa.
Da Samül steht bold stüll voa sein Tramlaoundtoa.

„Leise rieselt der Schee" muass hait sein,
d weiße Procht hüllt Haus und Houf hiaz scha ein.

As Kiarzn ausblousn is d Resal iah Gschäft,
aouzindtn deaf s as nit, a waunn s as gean mecht.

Den Kraounz nimmt d Muada, hout aufbroat deis Tua
und stöllt n wieda hi af die Truah.

Durt is sai Plotz, den muass a holdn
in da großn Stubm da koldn.

In Kachloufn hoaz ma ai,
nua wann d Feiatoge sai.

Die Zeit van Kraounz is daunn voabei.
Dos Christkindl bringt jeds Joahr nai
an Tannenbam und Packaln hea,
olli gfrain si, wos wüllst meah?

A weingal meiss ma drauf nou woatn,
es föhln jo nou d Weihnochtskoatn,
aus Solzbuag und aus Aidahou,
daunn san erscht richti d Weihnochtn dou.

Nikolaus

Max Gartner

Aum seichstn Dezeimba geht da Nikolaus
wia olli Johr va Haus sa Haus,
huscht leise sa die Feista zui,
wal dou steinga scha die Kinaschuih.
Dei sull er jo mit Noscharein oufülln,
nia muiß er dabei recht guit züln,
wal dei Oawert mocht er i da Nocht.
Wos glaubt's, wia hinta iahm da Krampus locht,
doß auf da Gossn nia a sou höllt,
wounn er urmul nia an Schuih vaföhlt.

Jo, da Nikolaus hout's wirkla nit leicht,
wounn er va Feista sa Feista schleicht.
Direkt reinna muiß er, doß a ferti wird,
dabei mocht'n der schwari Sock am Buckl eh sou miad.

Owa wos nutzt's, die Kina wölln iahnari Bamarantschn,
dou muiß er in Sock nou a Wal hin und her flantschn.
Und wia wounn deis nit eh scha gmui war,
mocht iahm da Krampus ah nou das Leibn schwar,
wal er iahm ollawal die Zunga aureickt
und mit seuner Schebarei die Kina aufweickt.

Dou muiß da Nikolaus recht aufmerksoum seu,
sist leigt der Gsöll Kuhln und Roußkneiln eu.
Oft haut a iahm mitn Bischoufstob uani iwa die Kirn,
dou summt in Krampus a scheini Wal die Birn.
Er draht si is nächsti Hauseick zui
und git die nächsti holbi Stund a Ruih.

Sou rafft da Nikolaus mit lauter Schwierigkeitn
Und trotzdeim schofft a´s nou bazeitn,
doß olls sou is, wia´s hold seu sull:
Die Kinaschuih sei olli vull.
Und wal die Kina dei Gscheinka recht geen neihma,
tatn´s muan, da Nikolaus kunnt eiftas keimma.
Owa ba seuna schwarn Orwert is jo klor:
Er braucht san Ausrostn hold mindestns a Johr.

Aus: Max Gartner: Max : Gedichte. Illmitz: Eigenverl., 2000.

i bin a Wintakind

Sieglinde Ziegler

Wenn d´Nosn rinnt, as Thermometa spinnt,
wenn d´Eiszopfn hänga, a d´Nächt sei scha länga,
van Dochtroapfn nix mehr owarinnt,
dann woas is, i bin a Wintakind.

Wenn da Neibl gfriart und die Köldn kliart,
wenn d´ Haxn reißt und wenn´s af d´Oahrwaschl beißt,
da Sturm in Schnee dahertreibt gschwind,
dann woas is, i bin a Wintakind.

Wenn die Sunn oam hängt wia a Bolln aus Feia,
zuigfron is Teich, See und Weiha,
dahuam am Oafn da Teekeissl singt,
die Schlittn iwan Riegl sausn oi wia da Wind,
dann woas is, i bin a Wintakind.

Wenn da Schnee unta d´Schui recht knirschn tuit,
das Häfal Tee schmeckt noam ol a so guid,
wenn in Oafn drinn die Scheitln prassln
und da Wei sie nitmehr riahrt in die Fassln,
die Zeit vül langsama varinnt,
dann woas is, i bin a Wintakind.
Wenn iwa Nocht da Reif a Wunda hot vullbrocht,
wenn die gaonzi Wölt soa wundaschein glitzt,
und die Sunn aussakimmt und driwablitzt,
wenn goar wia a Spitznmusta is unsa Goartnzau hint,
dann woas is, i bin a Wintakind.

Wenn da Wold soa funklt wia in Swarovski sei Glos,
dann wern ma in Winta nit goar soa schnöll los,
die Jaga foahrn fuidan das humrichi Wüld,
die Weibsbülda stricka oda sticka a Büld,
wenn i oldi Fotos zan auschaun gfind,
dann woas is, i bin a Wintakind.

Wenn in Stodl hint a tännanas Bamal luana duit,
wenn ma die Bocharei scha iwarol schmecka duit,
wenn da Sturm ban Rauchfang eina wül,
is in da woarman Stubn drei a recht a guits Gfühl,
wenn´s stad af Weihnochtn zuigeht
und die schensti Zeit kimmt,
dann bin i ma sicha, i bin a Wintakind.

Aus: Sieglinde Zieger: Dahuam is guid : Gedichte zum Schmunzeln. Eigenverlag.

Weihnocht

Marlene Harmtodt-Rudolf

Kloane zuuavasichtige Wörter
in die dunkle Wölt ruafn
Und hinterher vatraun
daß d Nocht
sai net glei vaschluckt

Gaonz kloane Zeichn
va ehrlicha Freid
in bockige Gsichta schreiben
Und nocha drauf vatraun
daß a winziga Locha
driwahuscht

Kloane Liachta da Liab
in die eiskoid gwordenen
Herzn aonzündn
und gaonz fest vatraun
daß ah do drinnen
bold Weihnochtn wird

Aus: Marlene Harmtodt-Rudolf:
Weihnacht : Geschichten und Gedichte.
Strasshof: Pilum Literatur Verlag, 2018.

Zan naichn Joah

Johannes Ebenspanger

Olts Joah und naichs Joah
si geibm si hianz d Haond.
Dos eascht thuit si pfiatn
Dos uan kimp ins Laond.

Du trauriche Zeit du,
du olts Joah: „Pfiat Gaod!"
Haon auft muisn seifzn
und klogn friah und spod.

Und oftn, du naichs Joah,
nar iahnr[1] do! Liaba Gaod,
pehiat ins und pewoahr ins
voar Jaomma und Noth!
(1888)

[1] *iahnr – herein*

Aus: Johannes Ebenspanger: Hianzische
Veaschln : Gedichte in Kukmirner Mundart.
Oberwarth: Ludwig Schoditsch, 1897.

Ortsnecknamen – Auflösung

Übersetzung von Seite 36, 37

Āihldadräinga – Mörbisch
Bēisnbinta – Oberwart
Biarnbrouda – Drumling
Bōscheißa – Winden
Breinhirschn – Forchtenstein
Fadlzichta – Krensdorf
Franzousn – Apetlon
Frouschpracka – Lindgraben
Gaounsbärn – Rohrbach b. M.
Gimplinsl – Landsee
Goaßhäinga – St. Georgen
Grammlposcha – Gols
Gugafaounga – Schattendorf
Huitwumma – Inzenhof
Kiaraschiawa – Neumarkt
Knēidlwerfa – Bubendorf
Kotznwuppa – Markt Allhau
Krāireißa – Donnerskirchen
Krumpirnausdrucka – Grodnau
Moilafaounga – Neudörfl
Mondschaifaounga – Tschurndorf

Mondschaileischa – Nickelsdorf
Mondschaisaoummla – Loretto
Müllibrouda – Kalkgruben
Nēiblfaounga – Eisenzicken
Nēiwlschiawa – Bernstein
Nēiwüfaounga – Steinfurt
Noarrn – Hochstrass
Nouggaldorf – Gamischdorf
Plitzalmocha – Jabing und Stoob
Plitzalwerfa – Pilgersdorf
Quagala – Pinkafeld
Ruamzuzla – Lockenhaus
Schmeatrouckna – Horitschon
Schmolztimpfla – Kobersdorf
Schwolbmfaounga – Eisenstadt
Spotzn – Weiden bei Rechnitz
Stīawoscha – Oberschützen
Stieglhupfa – Deutsch Gerisdorf
Stieglitzfaounga – Stadtschlaining
Zaoubrunza – Zurndorf
Zwiefla – Riedlingsdorf

Kurzbiographien

der Mundartautorinnen und Mundartautoren

Susanna Artner-Gager

Geboren 1939 in Deutschkreutz, verheiratet, vier Kinder. Mitglied des Lyrik Clubs und des Hianzenvereins. Schreibt Gedichte und Geschichten in Mundart und Hochsprache, seit „i woaß nit waonn".

Josef Berghofer (1913-1997)

Geboren am 8.4.1913 als Sohn eines Oberförsters in Lackenbach. Verlor früh seine Eltern, durch ein Stipendium des Fürsten Esterházy konnte er das Realgymnasium in Eisenstadt besuchen. Besuchte die Lehrerbildungsanstalt in Freistadt in Oberösterreich. War als Lehrer tätig, seit 1968 war er Direktor an der Volksschule in Eisenstadt. Die ersten Gedichte entstanden bereits in seiner Studentenzeit. 1955 erschien sein erster Gedichtband „Hoadbliah", 1972 „Van See bis zan Roobtol".

Franz Bischof (1929-2013)

Geboren in Stegersbach, wo er auch lebte. Gelernter Bäcker, übte acht Berufe aus. Große Liebe zur Volksmusik, spielte steirische Harmonika. Volks- und Brauchtum haben ihn immer interessiert, begann dann auch Texte in Mundart zu verfassen. Es entstanden zahlreiche Geschichten und Gedichte.

Bella Bodendofer (1912-1985)

Geboren am 22.1.1912 in Riedlingsdorf. Bürgerschule in Pinkfeld, Lehrerbildungsanstalt der Schulschwestern in Graz-Eggenberg. Wirkte in verschiedenen Volks- und Hauptschulen im Bezirk Oberwart, zuletzt an der Hauptschule in Pinkafeld, seit 1972 im Ruhestand, lebt in Riedlingsdorf. Zahlreiche Dichtungen in Mundart. Gestorben 1985.

Gottfried Boisits

Geboren 1944 in Neuhaus in der Wart, zeitlebens als Musiker in Wien und Musikpädagoge in Graz und Oberschützen tätig. Nach der Pensionierung zurück zu seinen Wurzeln, Wiederentdeckung der einstigen „Muttersprache", des Hianzischen, seit 2004 erste literarische Versuche. Mitglied des Literaturvereins „Die Trommel" und des Hianzenvereins. Lebt in Tauchen/Mariasdorf. Hianzenpreisträger 2017.

Theresia Dombi

Geboren in Tschurndorf, Hauptschule in Stoob, lebt seit 1967 in Gols. Begann bereits als Schülerin zu dichten, intensiv dann seit 1985, schreibt lieber in Mundart als in Hochsprache.

Johann Ebenspanger (1835-1903)

Geboren in Kukmirn, gestorben in Oberschützen. Volksschulbesuch in Kukmirn und Körmend, 1859-1863 Lehrerseminar in Oberschützen. Tätig als Hilfslehrer, Erzieher, Volksschullehrer, ab 1877 Professor und ab 1888 Direktor in Oberschützen. Schrieb Gedichte in ungarischer und deutscher Sprache (auch Mundart), veröffentlichte 1897 das Bändchen „Heanzische Veaschln". Starb tragisch durch Sturz von der Bibliotheksleiter. Wichtig war Ebenspanger auch als Literaturhistoriker, Volkskundler und Dichter, als Mundart- und Brauchtumsforscher.

Elisabeth Enz
Geboren 1940 in Weiden am See, wo sie als pensionierte Weinbäuerin und Pensionsbesitzerin lebt. Sie ist der Heimat und Natur sehr verbunden. Es liegt ihr am Herzen, dass unsere Mundart in den nächsten Generationen nicht ausstirbt, und versucht den Dialekt an die Jungen in Gedichten und alten Liedern weiterzugeben. Rege Tätigkeit als langjähriges Vorstandsmitglied im Hianzenverein.

Martin „Max" Gartner
Geboren am 9. Oktober 1957, verheiratet, hat zwei Kinder und wohnt mit seiner Familie in Illmitz. Neben seinem Beruf als Bankangestellter schreibt er seit vielen Jahren, vorwiegend in burgenländischer Mundart, zahlreiche Lesungen.

Rosemarie Gesslbauer (1940 – 2009)
Geboren und aufgewachsen in Grodnau, war Mitglied der Peter Rosegger Gesellschaft, des Stelzhamerbundes, des Josef Reichl Bundes, des Hianzenvereins, des Literaturvereins „Die Trommel" und der Turmschreiber.

Franz Geissler
Geboren 1950 und aufgewachsen in Mattersburg, wo er seit 1975 wieder lebt. Schulbesuch und Studium der Techn. Chemie in Wien, unterrichtete als Lehrer an der HTL Eisenstadt. Veröffentlichte sein erstes Buch „Ätzend" mit humorvollen Mundartgedichten 2017. Gedichtet hat er „eigentlich schon immer", begann aber erst vor vier Jahren die Texte aufzuschreiben. Weitere Bücher sind in Planung.

Renate Gyaki
Geboren am 13.3.1944 in Güssing, wo sie auch lebt. Ist verheiratet und hat zwei erwachsene Kinder. Schreibt seit über 20 Jahren in Mundart und Hochdeutsch. Ist Mitglied des Hianzenvereins und des Josef Reichl-Bundes. CD-Aufnahmen.

Gisela Halwachs
Die Autorin lebt in Kemeten. Hat schon in jungen Jahren zu schreiben begonnen, anfangs in Mundart, später in Hochdeutsch. Schreibt mittlerweile bevorzugt reimlose, lyrische Texte und Kurzprosa, Romane.

Franz Hannabauer
Geboren 1939 in Oggau, lebt bis heute dort. Herausgeber des „Ersten Burgenländischen Mundart Wörterbuches". Zahlreiche Gedichte und Erzählungen in burgenländischer Mundart.

Marlene Harmtodt-Rudolf
Geboren 1940 in Pittental/NÖ, seit 1976 wohnhaft in Jormannsdorf, literarisch tätig seit 1978. Arbeiten in Lyrik, Kurzprosa, Hochsprache und Mundart. 2002 Gründung des Literaturvereins „Die Trommel", Organisatorin der Tatzmannsdorfer Literaturtage, Lesungen, Veröffentlichungen in Anthologien und Zeitschriften, zahlreiche Bücher; Workshops, einige Literaturpreise. Rege Tätigkeit als langjähriges Vorstandsmitglied im Hianzenverein.

Maria (Irmi) Haunold
Geboren 1952 in Wien, lebt seit ihrem zehnten Lebenstag in Weiden am See. Die Sehnsucht nach ihrer Kindheit, als noch Dialekt gesprochen wurde, ist der Grund dafür, warum sie ihre Gedichte meist in Mundart schreibt.

Bettina Herowitsch-Putz
Geboren 1973 in Eisenstadt, aufgewachsen in Deutschkreutz, verheiratet und Mutter dreier Kinder. Unterrichtet Englisch und Italienisch an der BHAK/BHAS Oberpullendorf. Hat schon sehr früh die Liebe zur Sprache und Mundart entdeckt und es ist ihr ein großes Anliegen, unsere Mundart und Volkskultur zu erhalten.

Michael Hess
Geboren 1971 in Neusiedl/See, lebt nach wie vor dort. Studium der Deutschen Philologie, Geschichte und Sozialwissenschaften in Wien. Tätig als Bibliothekar an der Bgld. Landesbibliothek und als Historiker und Kurator von Ausstellungen des Landes Burgenland. Seit einigen Jahren schreibt er Lyrik und Kurzgeschichten; BEWAG-Literaturpreisträger 2008 (Lyrik).

Renate Hofer
Geboren und aufgewachsen im Burgenland, Studium für Naturheilverfahren in Deutschland, nach 35 Jahren zu den Wurzeln in Pinkafeld zurückgekehrt. Schreibt seit Ihrer Kindheit, Lyrik und Prosa in Hochsprache und Mundart. Veröffentlichungen in Anthologien. Mitglied des Vereins für Literatur, Harmonie und Lebensenergie „Die Trommel", des Literaturkreises Pinkafeld und des Hianzenvereins.

Feri Kopp
Geboren 1944 in Mattersburg, lebt in Müllendorf, pensionierter Hauptschullehrer. Schrieb zuerst Theaterstücke für Schüler, war auch als Regisseur tätig. Durch einen Literaturwettbewerb des Hianzenvereins (2012) wurde er angeregt auch in burgenländischer Mundart zu schreiben. Schreibt Kurzgeschichten und Gedichte.

Hans Krenn
Geboren 1935 in Donnerskirchen, Gymnasium in St. Rupert, Philosophisch-theologische Lehranstalt St. Gabriel. Danach Finanzbeamter in Eisenstadt. Literarisch und bildnerisch tätig, zahlreiche Ausstellungen, Dichtungen zuerst in Hochsprache, ab 1976 dann in Mundart, zahlreiche Veröffentlichungen in Zeitschriften und Anthologien.

Emmerich Loibl
Geboren 1936 in Unterfrauenhaid, verbrachte dort seine Kindheit. Lebt im niederösterreichischen Payerbach. War als Maschinenschlosser tätig, ist seit 1995 in Pension. Zeichnet Episoden seiner Kindheit im Burgenland für seine Enkelkinder auf.

Dorothea Marth, (geb. Stocker)
Geboren 1939 in Laarsen/Petersdorf in der Steiermark, vulgo Hausname Kälberer-Laarsen. Lebt seit 1961 in Gamischdorf. Engagiert sich für die Volksliedpflege und Mundart. Hobbydichterin, schreibt in Hochsprache, in steirischer und burgenländischer Mundart. Mitglied der „Trommel", des Josef Reichl-Bundes, der Gesellschaft der Lyrikfreunde u.a.

Wolfgang Millendorfer
Geboren 1977, lebt als Autor und Journalist im Burgenland. Zahlreiche Auszeichnungen: u.a. Burgenländischer Literaturpreis, Förderpreis der Burgenlandstiftung Theodor Kery, Burgenländischer Buchpreis 2018 – Platz 3 mit dem Roman Kein Platz in der Stadt. 2 Erzählbände Stammgäste und Doppelgänger. Theater- und Video-Projekte, Literatur-Performance und Kultur-Events, Musik-Experimente und Kunstfiguren.

Gerda Novosel
Geboren 1944 in Pinkafeld, wo sie auch lebt. Sie ist verheiratet und hat vier Kinder. Dichtet seit Mai 2002 in Mundart und Hochdeutsch. Ist Mitglied des Hianzenvereins und des Literaturkreises Pinkafeld.

Mathilde Pani (1921-2009)
Geboren in Gerersdorf bei Güssing. Die Mutter starb kurz nach der Geburt, der Vater ging nach Amerika, sie wuchs bei den Großeltern auf. Verheiratet, Mutter von 5 Kindern, war zeitlebens als Bäuerin tätig. Es war ihr ein großes Anliegen, die frühere Lebensweise der Südburgenländer in Mundart-Geschichten festzuhalten. War Mitglied des Reichl-Bundes.

Alfred Pinter
Geboren 1929 in Ritzing, väterliche Wurzeln in Deutschkreutz, mütterliche in Stoob Lebt in Stoob. War von Beruf Elektriker-Meister. Auf Betreiben von Dr. Adalbert Putz, erste Veröffentlichung in Kultur und Bildung in drei Folgen "Großmutter erzählt." Bücher: „Stoobarisch greit", „Wia ins da Schnobl gwochsn is". Mitglied des Hianzenvereins.

Anny Polster (1924-2019)
Geboren in Müllendorf, gestorben am 1. November 2019 in Eisenstadt, begraben in ihrem Heimatort. War bereits mit 13 Jahren literarisch tätig (Preis der „Volks-Zeitung 1937). Sie war bekannt für ihre Kurzgeschichten, Reiseberichte, Essays sowie ihre Lyrik; veröffentlichte fünf Bücher. Für ihre literarische Tätigkeit wurde sie mit dem „Goldenen Verdienstzeichen der Republik Österreich" und zahlreichen anderen Preisen ausgezeichnet.

Margarete Randysek, (geb. Peischl)
Geboren 1956 in Heugraben. War an den HTLs Pinkafeld und Graz beschäftigt, seit der Geburt ihrer Tochter Hausfrau und Mutter. Dichtet seit 30 Jahren zu verschiedenen Anlässen, seit vielen Jahren auch in Mundart. Möchte den Dialekt als regionales Identifikationsmerkmal in unserer globalisierten Welt bewusst pflegen.

Josef Reichl (1860 – 1924)
Wurde in Krottendorf bei Güssing geboren, starb in Wien. Burgenländischer Mundartdichter. Zahlreiche Veröffentlichungen: „Hinta Pfluag und Aarn", 1918; „Va Gmüat zu Gmüat", 1921; „Hulzschnitt", 1922; „Vamischts", 1923; „Landflucht und Hoamweh", 1924). In Würdigung des Dichters wurde 1974 der Josef Reichl Bund mit seinem Sitz in Güssing gegründet.

Edith Heidelinde Ritter
Geboren 1951 in Buchschachen, lebt seit 1973 in Pinkafeld, ist als evangelische Religionspädagogin tätig. Schreibt seit vielen Jahren Gedichte und Kurztexte in Schriftsprache und Mundart.

Karin Ritter
Geboren 1955 in Neustift bei Schlaining, leitet das Burgenländische Volksliedwerk. Dichtet zu vielen Gelegenheiten, „fühlt sich sehr wohl in der Mundart". Übertrug die Hianzenkuchl und das Mundart-Märchenbuch des Hianzenvereins ins Hianzische.

Alois (Luis) Rohrer
Geboren 1966 in Eisenstadt, lebt in Donnerskirchen und ist als Beamter tätig. Er gründete 1995 die „Original Sautanz-Musi", die vom Hianzenverein 2015 mit dem Hianzenpreis ausgezeichnet wurde. Er schreibt seit rund 30 Jahren Texte aus Freude an der Mundart, auch in Hochdeutsch; meist Kurztexte für Eigenkompositionen.

Hannelore Helene Rubendunst
Geboren 1950 in Riedlingsdorf, wo sie auch lebt. War bis zu ihrer Pensionierung tätig als Finanzbeamtin in Oberwart, ist verheiratet und hat einen Sohn. Schreibt seit 1998 Gedichte und Geschichten in Mundart und Hochdeutsch. Mitglied des Hianzenvereins und des Literaturkreises Pinkafeld.

Peter Sattler
Geboren 1947 in Eltendorf, ausgebildeter Textiltechniker, später Volks- und Hauptschullehrer. Lebt in Rudersdorf. Schreibt aus chronistischen Gründen. Herausgeber der Dorfzeitung „Der Bankerlsitzer", einem Meinungsäußerungsorgan innerhalb von Rudersdorf.

Erika (Schimpl) Venus
Geboren 1962 in Rudersdorf, lebt in Dobersdorf und Loipersdorf. Volksschuldirektorin in Deutsch-Kaltenbrunn, verheiratet, zwei Kinder. Schreibt seit ihrem 15. Lebensjahr in Mundart.

Edith Schmidt
Geboren in Tauchen, lebte bis zum 21. Lebensjahr auf dem elterlichen Bauernhof. Verheiratet, Mutter dreier Töchter, wohnhaft in Bernstein. Seit einigen Jahren verfasst sie Geschichten und Gedichte in Mundart.

Gernot Schönfeldinger
Geboren 1967 in Oberwart, lebt in Eisenstadt, arbeitet als Journalist und Autor. Seit jeher mehr vom geschriebenen als vom gesprochenen Wort fasziniert, begann er mit 15 seine eigenen Gedanken zu Papier zu bringen. 10 Jahre später, in Wien gestrandet, verfasste er, quasi aus Heimweh, seinen ersten Text in Mundart. Mittlerweile sind viele seiner Gedichte auch vertont.

Herta Schreiner (1926-2018)
Geboren 1926 in Zemendorf, wo sie auch lebte, war gelernte Kleidermacherin, war beruflich als Kanzleikraft bis 1985 im Gemeindeamt Zemendorf tätig. Zahlreiche Veröffentlichungen von Mundartgedichten, -geschichten und Theaterstücken. Sie starb am 21. Jänner 2018 und ist in ihrem Heimatort Kleinfrauenhaid begraben.

Christine Steiner
Geboren in Kaisersteinbruch, lebt seit 1977 in Eisenstadt. Schreibt seit 1988 Lyrik und Prosatexte vorwiegend in burgenländischer Mundart. Mitglied verschiedener Literaturverbände. Veröffentlichungen in Anthologien, eigene Buchpublikationen, eine CD, zahlreiche Lesungen im Burgenland. Rege Tätigkeit als langjähriges Vorstandsmitglied im Hianzenverein.

Barbara Toth
Geboren am 2. Februar 1987 in Wien, studierte Deutsche Philologie, arbeitet als Lehrerin und lebt in Wien. Eltern und Großeltern stammen aus dem Südburgenland, empfindet Deutsch Bieling als ihre Heimat. Möchte mit ihren Texten ihre Gefühle und Gedanken zum Ausdruck bringen. 2012 Gewinnerin des Mundart-Literaturwettbewerbes des Hianzenvereins.

Sieglinde Ziegler
Geboren 1939 in Rechnitz, wo sie auch lebt. War 30 Jahre Wirtin, lernte dabei interessante und menschliche „Urtypen" kennen, die sie liebevoll in ihren Texten behandelt. Schreibt seit jeher in Mundart. Veröffentlichung: „Dahuam is guid".

Herbert Zechmeister
Geboren 1955 in St. Georgen als Sohn einer Weinbauernfamilie. Arbeitete in einer Rechtsanwaltskanzlei. Schreibt lustige, nachdenkliche und ironische „G'schichtln" in Mundart. Zahlreiche Mundart-Veranstaltungen im Nordburgenland, Mitarbeit beim Verein „Dorfblick St. Georgen". Rege Tätigkeit als langjähriges Vorstandsmitglied im Hianzenverein.

Geschichten aus
dem Hianzenverein

„Die Heanlkramer san do!"
Zur Etymologie des Hianzenbegriffes

von Sepp Gmasz

Den ersten Hinweis darauf, dass der topographische Begriff „Hianzei" als Kerngebiet des (west)ungarischen Hühnerhandels intendiert sei, verdanken wir dem Germanisten Johann Willibald Nagl. In einem 1902 in der Zeitschrift für österreichische Volkskunde veröffentlichten Aufsatz schilderte er eine Begebenheit in einem vorortlichen Wiener Gasthaus. Dabei wurde er Zeuge eines Gesprächs, das zwei junge Burschen und Mädchen am Nachbartisch führten: *Ihr Accent sowie ihr Gespräch ließen mir über ihre Herkunft sofort keinen Zweifel. Ich fragte nun einen Wiener, wer diese Leute sein müssten? – „Heankramer" war die präcise Antwort, das ist Hühnerkrämer, Geflügelhändler. Damit wollte er aber keineswegs den Beruf dieser Hienzen bezeichnen: denn er kannte sie sowenig wie ich. Das ist eine local-ethnographische Bezeichnung, wie umgekehrt „Gottscheewerer" hier soviel wie „Hausierer" bedeutet. Nun fragte ich über die Heankramer im Allgemeinen weiter nach: allenthalben waren sie mit ihrer eigenen heanzischen Tracht bekannt, und man erzählte mir, wie sie in „Kraksen" die Hühner brachten, auf offener Gasse Gänse, auch Schweine in Scharen zum Verkauf dahertrieben. Und in der „Hianzei" selbst sind sie als „Hüanlkramer" bekannt: Sie werden dort mit Sehnsucht erwartet, weil sie für Wien Geflügel zusammen kaufen, wie Haas in einem Schwank von einem Dorf bei Güns erzählt ... Von diesen Formen „Heankramer", „Heanlkramer", „Heanlhandler" ist die Brücke zu „Heanz", wie der Name gesprochen wird, leicht gefunden.*[1]
Diese mir von allen bisherigen Namensdeutungen des Begriffes „Hianz" am plausibelsten erscheinende Etymologie griff ich 1996 in meiner TV-Dokumentation „Die Heanzen"[2] auf; nicht wenig Widerspruch aus Hianzenkreisen erntend. Meinen damals relativ bescheidenen Wissensstand konnte ich durch – bis in die Gegenwart reichende – archivalische Forschungen erweitern, so dass die bereits vor einem Jahrhundert geäußerte Hypothese Johann Willibald Nagls nunmehr auch durch sachliche Indizien untermauert werden kann. Sie sollen im Folgenden nach archivalischen, ikonographischen und sogar musikalischen Quellen dargelegt werden.[3]

Abriss der Forschungsgeschichte
Im Jahr 1978 hielt der bedeutende Volkskundler Leopold Schmidt im Rahmen der Mundarttagung „Güssinger Begegnung" einen Vortrag über 200 Jahre Forschungsgeschichte der Hienzen. Die Jubiläumsdatierung bezog er auf die seiner

Meinung nach erstmalige schriftliche Nennung des Begriffes Heanzen;[4] und zwar im „Almanach von Ungarn auf das Jahr 1778". In diesem, vom Pressburger Buchdrucker Johann Matthias Korabinsky verfassten Werk, heißt es: „Hienzey, eine Landschaft 6 Meilen lang und so viel breit, in der Gegend um Güns herum. Die Inwohner sind Ueberbleibsel von den alten Gothen, haben ihre besondere Sprache und ihre Trachten. Die Weiber tragen meist schwarze Kittel mit vielen Falten. Die Männer meist weiße Röcke und einen runden herabgelassenen Hut."[5]

Ohne sich selbst auf eine der verschiedenen Namensableitungen festzulegen, fasste Schmidt zusammen: *Heanzen gehört zu jener Art von landschaftlich gebundenen Übernamen, die sich aus kaum beweisbaren Untergründen gelegentlich ergeben, lange Zeit als Spottnamen beibehalten werden, und dann als lästige Un-Bezeichnung abgeworfen werden.*[6]

Die Beleg-Geschichte des Begriffes „Hianz" konnte der Autor durch einen Zufallsfund in einem Matrikenbuch der Pfarre Mönchhof mittlerweile bis an den Beginn des 18. Jahrhunderts zurückführen. Am 14. August 1709 wurde hier Sophia Mellihcin *mulier 55 circiter annorum ex S. Cruce oriunda, in Hietzenland (infer. Styria)* begraben.[7] Mit Santa Cruce ist Heiligenkreuz im Lafnitztal gemeint; den Zusatz Styria inferior hat der eintragende Pfarrer auch anderen südburgenländischen Gemeinden wie z.B. Pinkafeld zuerkannt.

Eintragung im Mönchhofer Matrikenbuch (Pfarrarchiv Mönchhof)

Den Beginn der hianzischen Forschungsgeschichte setzte Leopold Schmidt mit dem Jahr 1848 an. Die Ereignisse rund um die blutig niedergeschlagene Revolution führten dazu, dass man sich mit den verschiedenen Völkerschaften in den Ländern der k.k. Monarchie differenzierter auseinandersetzte. Auf der Grundlage der ersten Sprachenkarte der gesamten Monarchie von Josef V. Häufler[8] verfasste Karl Freiherr von Czörnig eine „Ethnographie der oesterreichischen Monarchie". In deren zweitem Band ist unter der Überschrift „Die Hienzen" zu lesen: „*Unter dem Namen Hienzen (Henzen oder Heinzen) sind die Deutschen im Eisenburger und Oedenburger Komitate bekannt … Woher der Name Hienzen stammt ist unbekannt. Vielleicht bedeutet er die letzten oder äußersten Deutschen (hinz, d.i. bis, zuletzt) oder er deutet auf den Namen Heinz oder Henz (Heinrich) und bezeichnet vielleicht die dortigen Deutschen als Heinrichs Leute, d.i. als Anhänger Heinrichs III., welcher Ungarn zum deutschen Vasallenreiche macht, aber nach wiederholten Kriegszügen 1041, 1043, 1045 das Land räumen musste, wofür der Umstand spräche, daß Hienz von den Ungarn als Stichwort und Spottname der Deutschen daselbst gebraucht wird."* [9]

Es erscheint unverständlich, warum der große Quellenkundler Leopold Schmidt in seinem Überblick über die Forschungsgeschichte über die Publikationen von Johann von Csaplovics hinwegsah. Immerhin differenzierte der arrivierte Topograph Csaplovics in einem seiner Hauptwerke, dem „Gemälde von Ungern", schon 1829 die Deutschen West- und Oberungarns nach verschiedenen Sprachgruppen:

a) die Städte Preßburg, Pösing, Modern, St. Georgen
b) Schemnitz, Neusohl, Kremnitz
c) Die Heidbauern im Mosonyer Comitat, am Hanság
d) Die Hienzen, eine Zwitterart an der Westgrenze des Eisenburger und Oedenburger Comitats. [10]

Eine ähnliche Einteilung nach deutschen Sprach- und Kulturlandschaften traf Csaplovics bereits in seiner 1820 veröffentlichten Abhandlung „Ethnographische Miscellen von Ungarn". [11] Hier nannte er als Hauptwohnorte der Hienzen an der westlichen Grenze des Eisenburger und Oedenburger Komitats: *um Güns und Németh Ujvaros* [Güssing]*herum, in Rohoncz* [Rechnitz], *Alt-Högyesz* [Althodis?], *Treuhütten* [Dreihütten], *Günseck, Schönherrn.* [12]

Das gleiche Zitat verwendete Joseph Heinbucher von Bikessy in seinem prachtvollen Trachtenband über die Bewohner Pannoniens, das auch mehrere Bildtafeln aus dem westungarischen Raum enthält. [13]

Der merkwürdige Begriff „Zwitterart" könnte sich auf bestimmte Elemente einer Akkulturation an das Magyarische beziehen, insbesondere was die Kleidung und Sprache betrifft. Dazu sei als Beleg auf ein Gedicht Ábrahám Barcsays verwiesen, das er um das Jahr 1780 über die Ödenburger Hienzen schrieb. Darin heißt es sinngemäß, dass sie [Anm.: die Hienzen] ungarische Kleider tragen, also einen blauen Dolman, eine blaue Hose und eine grüne Mütze. Ihre Sprache sei aber so garstig wie das Schnattern der Gänse und das Knarren des ungeschmierten Rades[14]. Diesen seltsamen Befund über den Zustand des Hianzen-Dialekts teilte Johann von Csaplovics in einer Publikation aus dem Jahr 1842. Nachdem er zunächst die verschiedenen Begriffsdeutungen aufgelistet hatte, merkte er zur Sprache der Hienzen an: *Die Hienzer Mundart soll so verschieden und verdorben sein, dass selbst die Hienzen sich nicht alle verstehen, z.B. „Mein stani Gott se i mag nit dersoden, und kümpemer, so bin im ye schlage mit ter Hock oder Bil im einspeden und nit auslösa." Selbst die Oedenburger sollen nicht am besten sprechen, und die Sprache der Landleute zerreisst beinahe das Trommelfell durch ihre Derbheit.* [15]

Die vielschichtige Thematik von Kulturalisierung und Assimilierung bräuchte eine eigene Untersuchung und kann an dieser Stelle nicht weiter verfolgt werden.

Neben der Ethnographie begann sich Mitte des 19. Jahrhunderts auch die Germanistik für diese Grenzlanddeutschen innerhalb der ungarischen Nation zu interessieren. Am Beginn der heanzischen Dialektforschung steht der Preßburger Gymnasiallehrer und Germanist Karl Julius Schröer. Ihm verdanken wir – neben seinen bekannten Arbeiten über die Volksschauspiele auf dem Heideboden und in Oberungarn – auch die Veröffentlichung der ersten heanzischen Mundartsammlung. Gerade noch im letzten Band von Frommanns Schriftenreihe „Die deutschen Mundarten" (1859) konnte Schröer sein heanzisches „Idiotikon" unterbringen.[16] Die Unterlagen zu diesem ersten Dialekt-Wörterbuch verdankte er einem befreundeten Lehrer an den Evangelischen Schulanstalten in Oberschützen, Gottlieb Friedrich, den er zur Sammlung örtlicher Mundartausdrücke angeregt hatte. Das Idiotikon enthält über 340 Begriffe. Unter dem Stichwort „Hea-z" lesen wir: *„Spottname der Deutschen, deren Mundart dies Wortverzeichnis angehört; die Deutschen der Oedenburger und Eisenburger Gespanschaft, ihre Zahl beläuft sich auf etwa 180.000 Seelen."* Und Schröer lieferte auch einen neuen etymologischen Hinweis, nämlich zum Begriff der „Waldheanzen", wie die Bewohner des Thüringer Waldes genannt wurden.[17]

Man wird wohl annehmen dürfen, dass Karl Julius Schröer, der Pressburger Gymnasiallehrer, die Artikelfolge „Die Hienzen. Ein Beitrag zur Völkerkunde in Ungarn" in der populären Pressburger Zeitung gekannt hat, die am 12. und 13. Dez. 1854 unter der Signatur „Dr. H." erschienen ist.[18] Als Verfasser dieser Texte konte der aus Pinkafeld stammende, später zum Bischof von Szatmár ernannte, Michael Haas identifiziert werden. Haas, der für seinen Einsatz für die deutsche Sprache oft als „Germanisator" verunglimpft wurde, beschäftigte sich ausführlich mit der Herleitung des Begriffes. Er verwarf die Ableitungstheorien von den mittelalterlichen Grafen Heinrich und tendierte zu einer neuen Hypothese: *Hienzen werden sie vermuthlich darum genannt, weil sie das Wörtlein jetzt „hiatz, hienz" aussprechen.*[19] Zeitgleich mit den ersten innerungarischen ethnographischen Arbeiten über die Deutschen Westungarns erschien ein Text des niederösterreichischen Landeskundlers Moritz Alois Ritter von Becker über die Volkskultur der Heanzen, als deren Siedlungsraum er großzügig den westungarischen Landstrich von Preßburg bis Güssing angab. Becker konstatierte Unterschiede in der Mundart zu den steirischen und niederösterreichischen Nachbarn und merkte an, dass die Heanzen ihren Broterwerb hauptsächlich im Handel suchten: *Unter den specifisch heanzerischen Hausierern, die das Geschäft mitunter ins große treiben und uns Wienern nur darum weniger bekannt sind, weil wir im Getriebe der Großstadt gewöhnlich das nächste unbeachtet lassen",* führt er neben den Obstlerweibern und Vogelhändlern auch die Hühnerkrämer an: *In den Wiener Vorstädten begegnet man zu gewissen Zeiten engvergitterten Käfigwägen, vor denen ein „Blaujanker" mit breitgekrämptem Hute daherschreitet. Das ist die wandelnde Verkaufsbude des heanzischen Hühnerkramers.*

Er verkauft seine Ware auf der Straße und an feste Kundschaften. Die Hühner werden im Eisenburger, Ödenburger, Wieselburger, Szalader und Sümegher Comitate von Dorf zu Dorf aufgekauft und in die Stadt gefahren.[20] Becker wies damit auf ein Kerngebiet der Hühnerkrämerei hin, das im Wesentlichen der im Almanach von Ungarn genannten „Hienzey" entsprach.[21]

Es scheint nunmehr angebracht, sich mit dem Erscheinungsbild dieser Hühnerhändler zu befassen.

Zur Ikonograhie der Hühnerhändler

Das wirtschaftliche Leben in den Städten spielte sich in vergangenen Jahrhunderten weitgehend in der Öffentlichkeit ab. Handel und Gewerbe beherrschten Straßen und Plätze, oft wurden diese sogar nach ihrem spezifischen Warenangebot benannt (z.B. Fleischmarkt, Bäckerstraße, Seilerstätte u.a.m.).

Die legitimierten Hühnerhändler hatten, so wie auch alle anderen Marktfieranten, in Wien bestimmte Verkaufsplätze zugewiesen, die in den Marktordnungen geregelt waren. So war nach der Marktordnung vom 1.6.1569 der Hohe Markt für den Verkauf von Wildbret, Geflügel, Gänsen oder Enten bestimmt.[22] Dort in der Nähe gab es auch ein „Hühnergässl". In den folgenden Jahrhunderten wechselten diese Standorte mehrmals. 1732 *verkauffet man auf dem Neuen Marckt all Tag Flügel-Werck.*[23]

Canaletto: Dominikanerplatz mit Hühnermarkt (Kunsthistorisches Museum Wien, um 1765)

Zwanzig Jahre später wechselten die Hühnerkrämer und Schmalzhändler vom Neuen Markt auf den Dominikanerplatz, später war die Seilerstätte Marktplatz für Geflügel und Eier, *welches auf Wägen hierhergebracht wird.*[24] Neben den gleichsam akkredidierten (steuerzahlenden) Hühnerhändlern mit ihren fixen Standplätzen gab es eine unüberschaubare Fülle an wandernden Händlern oder Hausierern, die ihre Waren in Körben, Kraxen oder Pinkel direkt an die Verbraucher brachten. Besonders diese Kleinhändler mussten sich auf den Straßen durch ihre typische äußerliche Erscheinungsform und einen ihnen eigenen Kaufruf bemerkbar machen. Leider ist aus der einschlägigen Literatur kein deutschsprachiger Ruf der Hühnerkrämer bekannt.[25]

Das pittoreske Bild, das diese Wanderhändler und Marktszenen boten, reizte zu einer eigenen Gattung der Genremalerei, die unter der Bezeichnung „Kaufrufe" bekannt wurde. Schon im 17. Jahrhundert und vereinzelt noch davor finden wir vor allem in Frankreich Darstellungen solcher Typen und Straßenszenen. Mit dem Zeitalter der Französischen Revolution verstärkte sich das Interesse daran auch in anderen Ländern. In Wien wurde 1766 eine Kupferstichakademie gegründet, welche die Voraussetzungen schuf, dass nun auch hierzulande hochqualitative Graphiken gestochen und weit verbreitet werden konnten.[26]

1775/76 brachte der Wiener Akademieprofessor Johann Christian Brand im Eigenverlag den Band „Zeichnungen nach dem gemeinen Volke besonders Der Kaufruf in Wien" heraus. Die erste Serie enthielt 12 Blätter. Das Blatt Nr. 3 zeigt einen Hühnerkrämer im Straßenverkauf. Die volle Kraxen neben sich abgestellt, ist er gerade dabei, einige Hühner für den Verkauf zu rupfen. Seinen Kopf bedeckt ein breitkrempiger Hut.[27]

Johann Christian Brand:
„Hünerkrämer" (1776)

Der Wiener Hühnermarkt und die „Hienzenwägen"

Um einen Begriff vom Geflügel-Aufkommen auf den Wiener Märkten zu Beginn des 19. Jahrhunderts zu bekommen, sei aus dem Wien-Buch des Gerhard von Coeckelberghe-Dützele vom Jahr 1841 zitiert: *Im Jahr 1804 wurde innerhalb der Linien Wiens in runder Summe 371.000 junge Hühner und 34.000 alte Hühner gebraten, gebacken und gesotten. Gegenwärtig beläuft sich der Hühner-Consumo auf 450.000 junge und 45.000 alte Hühner.*[28]

Gesicherte statistische Zahlen gibt es erst aus der zweiten Hälfte des 19. Jahrhunderts. Um 1870 wurden 600.000 Paar Hühner und Tauben auf Wiens Märkten verkauft. Dazu kamen noch ca. 400.000 Stück „zahmes Geflügel", also Truthähne, Gänse, Enten und Kapauner.[29]

Es stellt sich die Frage, woher und auf welchem Wege diese Geflügeltransporte auf die Wiener Märkte kamen. Als einschlägige Quelle dafür erweisen sich die Mautregister, in denen der gesamte zu verzollende Warenverkehr festgehalten werden musste. Derartige Zoll-Protokolle aus der Herrschaft Kittsee konnten vom Autor im Esterházy Archiv Forchtenstein eingesehen werden; hier liegen – fast lückenlos – die Folianten von 1756 bis 1802 auf.[30] Unter den insgesamt 93(!) angeführten verschiedenen Gütern und Transportmitteln findet sich auch eine Kategorie „Hienzenwagen". Dabei handelt es sich zweifelsfrei um Geflügelwägen; gerade diese Tiergattung fehlt nämlich in der Liste der zu verzollenden Tiere.

Modell eines „Hienzenwagens" (Bezirksmuseum Meidling, vor 1840)

124

1756 passierten 120 Hienzenwägen die Kittseer Mautstelle Richtung Norden, fünf Jahre später steigerte sich die Zahl auf 223 Wägen, um 1767 den Höchststand von 453 passierenden Geflügelwägen zu erreichen; danach ebbte der Hühnerhandel merklich ab, 1779 wurden gar nur noch 4 Wägen gezählt. Leider nennt das Register weder die Herkunft noch die Zielorte der Händler.

Über die Beschaffenheit dieser mit einer Vielzahl von Käfigen ausgestatteten Geflügelwägen können wir uns aus einem holzgeschnitzten Modell ein Bild machen, das im Meidlinger Bezirksmuseum ausgestellt ist. Die im frühen 19. Jahrhundert angefertigte Holzschnitzerei zeigt einen Käfigwagen, dessen Fuhrleute in ungarischer Tracht gekleidet sind. Auf einem solchen Geflügelwagen konnten mehrere hundert Hühner auf einmal transportiert werden.

Zur Phänomenologie dieses Ausstellungsstückes sei aus einem Meidlinger Heimatbuch zitiert: *Da ist gleich die Meidlinger Specialität der „Hendelkramer", auch „Heanzen" genannt. Diese waren ein lustiges Bauernvolk, das auf seinen Wagen auch eine große „Hendelsteige" mitführte, in der das begehrte Federvieh in die Stadt auf die Märkte geführt wurde. Im Gasthof „Zum alten Hasen", Ecke Schönbrunnerstraße und Grünberggasse, befand sich einstens die „Hendelbörse", wo die Hendelkramer ihre Ware verkauften. Das Modell eines solchen Hendelkramerwagens steht heute im Museum. Es befand sich noch 1840, also vor rund hundert Jahren, beim „alten Hasen" und wurde alljährlich am Faschingdienstag mit Bändern geschmückt und unter Musikbegleitung um das Haus getragen.*[31]

Der letzte Satz könnte darauf hindeuten, dass dieses Modell des Käfigwagens als eine Art „Burschenstock" in Verwendung stand. Bekanntlich sind diese Standeszeichen noch heute in manchen mittelburgenländischen Gemeinden als essentielles Element des Faschingsbrauches in Verwendung.

Der Standort dieses einzigartigen Objekts im Bezirksmuseum Meidling ist also nicht zufällig. Denn Meidling, damals noch in Obermeidling und Untermeidling geteilt, war ein Zentrum des Wiener Geflügelhandels. Die Orte gehörten einst zum Besitz des Stiftes Klosterneuburg, die entsprechenden Verwaltungsakten lagern noch heute im dortigen Stiftsarchiv. Unter ihnen finden sich tatsächlich mehrfach Hinweise auf die aus Westungarn kommenden Hühnerhändler.

Aus dem Jahr 1842 etwa liegt eine „Beschwerde von drei steuerbaren Geflügelhändlern an das Kreisamt V.u.W.W." auf. Darin heißt es, *dass in den Gasthäusern zum Hasen in Obermeidling (Nr. 17) und zum Lamm in Untermeidling (Nr. 43) Individuen männlichen und weiblichen Geschlechts über Nacht aufbehalten werden, die ohne Pässe von ihrer betreffenden Ortsobrigkeit und ohne Aufenthaltsbewilligung der Polizeybehörde, sich des unbefugten Hausierens mit Geflügel aller Art und in allen zu diesen wohllöbl. K.K. Kreisamte untergeordneten Ortschaften vorschriftswidrig erlauben. Diese Individuen sind bei 60 an der Zahl, von dem Orthe Zillingthal aus Ungarn, meistens mit eigenen Landwirtschaften unter ihre betreffende Ortsobrigkeit ansässig, lassen ihre Wirtschaften von anderen bearbeiten, oder verpachten diese über Sommer, um hier das unbefugte Geflügelhausieren auszuüben.*

... nicht nur durch dieses unerlaubte Verfahren dieser passlosen Individuen und allein in unserem steuerbaren Gewerbe bedeutend beeinträchtigt, sondern durch das Herumfahren mit Geflügel beladenen Wägen in allen Orten außer den Linien Wiens, ohne sich vorschriftsmäßig auf die Marktplätze zu begeben, weichen sie der Verzehrungssteuer aus, handeln auch an Sonn- und Feiertägen, wie sich auch manches weibliches Individuum allerley unzüchtige, der Polizeyvorschriften zuwider handelnde Unfügen erlaubt.[32]

Das Kreisamt erließ daraufhin ein Verbot des passlosen Hausierhandels. Ob es allerdings befolgt wurde, darf bezweifelt werden. Zehn Jahre nach diesem Vorfall erschien ein von Michael Hahn herausgegebenes Heimatbuch über den Bezirk Sechshaus, wo der Autor unter der Rubrik „Handel und Gewerbe" für Ober- und Untermeidling 40 Geflügelhändler namentlich nennt![33] Die Liste weist fast ausschließlich kroatische Namen auf: Bolhowitsch, Gollowitsch, Horwath, Jagatitsch, Kuschitz, Lakitsch u.a. Tatsächlich handelte es sich um Bewohner der Gemeinde Zillingtal und einiger Nachbargemeinden, wie eine Recherche in den entsprechenden Grundbüchern ergab.[34] Diese kroatischen Händler wurden, ein Gemisch aus Heanzisch und Kroatisch sprechend, cum grano salis als Heanzen bezeichnet! (Siehe dazu die obige Anmerkung über die „Hässlichkeit" des Dialekts.)

Laut „Statistischem Bericht der Handels- und Gewerbekammer in Ödenburg für 1876" gab es im Komitat Sopron 54 Geflügelhändler wobei die Gemeinden Zillingtal mit 10 und Rohrbach bei Mattersburg mit 8 die meisten konzessionierten Einzelhändler aufwiesen.

Noch gegen Ende des 19. Jahrhunderts stand der Geflügelhandel aus den westungarischen Komitaten in der Hauptstadt der Monarchie in voller Blüte. In seiner ethnographischen Beschreibung der Heanzen im sogenannten Kronprinzenwerk hält der

Kálmán Kiss: Skizze der bedeutendsten Hühnerkrämer Gemeinden

Budapester Ethnologe Anton Herrmann fest: *Als Geflügel-Hausirer (sic!) durchstreift er weite Landstriche und sammelt in seinen Käfigwagen alles Hausgeflügel.*[35]
Diese Angaben decken sich mit den Forschungen des ungarischen Historikers Kálmán Kiss, dessen wissenschaftliches Spezialgebiet der westungarische Kleinhandel war. Er konstatierte, dass der Handel mit Geflügel und Eiern besonders in den Dörfern der Komitate Ödenburg und Eisenburg konzentriert war. Die meisten der Hendlkrämer stammten nach seinen Erhebungen aus Bernstein, Rohrbach bei Mattersburg, Steinamanger und Rábamolnári.[36] Eine von Kiss verfertigte Skizze unterstreicht die Konzentration der westungarischen Hühnerhändler auf das Ödenburger und Eisenburger Komitat.
Kálmán Kiss machte auch Angaben über die Ausrüstungen der Hühnerkrämer und konnte noch Kaufrufe in ungarischer Sprache aufzeichnen. Beim Einkauf auf der Fahrt durch die Dörfer trug der Hendlkrämer ein Leibl mit Blei- oder Silberknöpfen, hatte den mit Gänsefedern geschmückten Hut auf und rief: *Ho-u-o-u-ozz csibe, h-o-uzz, ho-u-o-uozz!* (Bring Hendl, bring, bring!). *Oder: Tojást! Tikfiat! Tik-a-usz, Tik-a-usz!* (Eier, Hendln, Hendln heraus!).[37]
In Rohrbach bei Mattersburg gab es noch in der Zwischenkriegszeit 200-300 Gewerbescheine für den Kleinhandel. Das bedeutet, dass beinahe jedes Haus mit dem Kleinhandel verquickt war. Die Waren dieser Kleinhändler wurden in Buckelkörben auf den Markt von Ödenburg und gar bis nach Wien befördert. Drei Großhändler, die Familien Gold, Horning und Ehrenreich betrieben den Hühnerhandel in großem Stil. Anton Ehrenreich (geb. 1921) erinnerte sich bei einem Gespräch, als Kind den Hühnerhandel noch bis zum Krieg miterlebt zu haben. Seine Familie besaß sieben Pferdefuhrwerke und exportierte Eier noch bis zum

Gasthof zum Hasen (Bezirksmuseum Meidling, um 1900)

Foto oben: Innenhof mit Hianzenwägen (Bezirksmuseum Meidling, um 1900)
Foto unten: Kroatische Eier- und Hendlkramerinnen aus Parndorf (Privatbesitz, um 1935)

Zweiten Weltkrieg nach London! Er erinnerte sich auch vage an einen Ruf eines in ihrem Betrieb beschäftigten Kutschers, der lautete: *Die Hianlkrama san do.*[38] Den gleichen Ruf zitiert Otto Krammer in seinem Buch „Wiener Volkstypen". Er beschreibt darin auch das „Gasthaus zum Hasen" in der Schönbrunnerstraße 282, wo sich noch um die Jahrhundertwende die Heanzen mit ihren Kraxenwagen getroffen hätten.[39] Das Haus wurde nach der Jahrhundertwende abgerissen, heute steht an seiner Stelle ein Hotel. Zwei Fotos aus der Zeit um 1900 zeigen die Hühnerkrämer und ihre Geflügelwägen im Hof des Gasthauses zum Hasen. Der Kleidung nach zu schließen, dürfte es sich bei den hier abgebildeten Frauen und Männern um Bewohner aus dem Hianzenland handeln.

Noch in den 1930er-Jahren bevölkerten zahlreiche Hendlkramer aus Parndorf die Wiener Märkte. Sie bezogen ihre Waren – meist im Tauschhandel – aus dem Mittelburgenland und auch aus Ungarn.

Die Hianzen in der Liedüberlieferung

In der Wahrnehmung der Wiener hatten die Hühnerkrämer unter den pittoresken Marktfiguren ein eigenes Profil. Das belegen neben den genannten ikonographischen und wirtschaftshistorischen Quellen auch literarisch-musikalische Zeugnisse. So fand sich im Nachlass der Volksliedsammler Julius Max Schottky und Franz Tschischka, die 1819 das Buch „Österreichische Singweisen mit Melodien" herausbrachten, ein „Heanlkramagsang" mit zehn vierzeiligen Strophen, leider ohne Melodie.[40] Hundert Jahre später konnte Karl Liebleitner in einem Gasthaus in Mödling ein Lied aufzeichnen, in dem noch drei dieser Strophen überliefert waren.[41]

„Heanlkramergsang" (Burgenländisches Volksliedarchiv)

Heanlkrama Gsang

Frau Wir-tin ho ho und die Heanl-kra-mer san do; sie sein lus-ti-ge Leit, habn a Geld und a Schneid.

2. Nur zuwa zan Tisch,
wo a Heanlkramer is,
wo a Heanlkramer is,
da is's lusti und frisch.

3. Steig i auffi aufs Bergal,
schau i abi in Grabn;
da siag i die lustign
Heanlkramer fahn.

Um 1900 schrieb der Wiener Schrammelmusiker Josef Obermayer (1866-1951) seinem Heimatort Matzleinsdorf (Teil des 5. Wiener Gemeindebezirkes) eine Hymne. Darin bezog er sich nostalgisch auf jene Zeit, als der heutige Theodor-Körner-Hof noch der Heumarkt von Matzleinsdorf war. Die Erinnerung gilt auch den Heanzen und Heubauern[42] , die als Symbole für die einst ländliche Idylle von Matzleinsdorf besungen werden:

Wie schön war's in Matzleinsdorf früherer Zeit,
man hat sich da g'fühlt wie am Land.
Die Heanza und d'Heubauern, dö hab'n da g'haust
und d'Fuhrleut war'n a hübsch beinand.[43]

Und nicht zuletzt soll der große Heanzendichter Josef Reichl für unsere Argumentation in Anspruch genommen werden. Kurz nach dem Erscheinen seines ersten Gedichtbandes „Hinta Pfluag und Aarn" (1918) hielt Reichl in einem Zeitungsfeuilleton, betitelt „Im Heinzenland", fest: *Als noch keine leidvollen Tage unser Deutschtum bestürmten, da hörte man wohl hin und wieder etwas vom Heanzenlande, aber im großen und ganzen kümmerte man sich nicht viel um diese unterdrückten Volksgenossen im Magyarenlande. Man kannte sie höchstens als „Hüah- und Oakraoma" (Hühner- und Eierhändler), die aus dem „Heanzischen" kommen.*

Conclusio

Die dargelegten Fakten und Indizien erhärten die Vermutung, dass die „Hienzei" ihre topographische Bezeichnung nach dem hier in großem Stil betriebenen Hühnerhandel erhalten hat. Auf den Wiener Märkten wurden die Hendlkramer aus der Hienzei unter all den Marktfiguren aufgrund ihrer Kleidung und sonderbaren Sprache als eigenständiger Händlertypus wahrgenommen.

Der ursprüngliche Spottcharakter des Begriffes steht außer Zweifel. Spottnamen aber verpasst man sich nicht selbst, sie entstehen aus einer Reflexion von außen. Dazu bedarf es einer Nachbarschaft, die einen solchen Namen als Identitätsbegriff erfindet oder popularisiert, aus dem schließlich ein Übername für die ganze Region werden kann.

Dass sich die Hianzen – selbst im eigenen Land – bisweilen von dieser Identitätszuschreibung distanzierten, verwundert nicht. Denn der Hühnerhandel war vielleicht ein einträgliches, aber kein „sauberes" Geschäft. Kot, Gestank, Gegacker, fliegende Federn begleiteten die Arbeit des Hühnerkrämers. Und wie die Gerichtsakten aus dem Klosterneuburger Stiftsarchiv gezeigt haben, hatten sie in Wien nicht immer den besten Ruf.

„Heanz, des san die da untn!" war in der Zwischenkriegszeit ein geflügeltes Wort, mit dem man als vermeintlicher Hianz jegliche Diskriminierung abzustreifen versuchte, indem man noch mit dem gestreckten Daumen über die eigene Schulter deutete. So jedenfalls schilderte es der Jahrzehnte lang im Südburgenland wirkende Schulmann und Landeskundler Maxentius Eigl 1931: *Der Name der „Hienzen" ist im Burgenland beinahe nur auf dem Papier der darüber geschriebenen Abhandlungen vorhanden … Überall will man den Namen, der unzweifelhaft ein Spottname ist, anderen Gegenden zuschanzen, überall wird er lächelnd-verlegen, aber doch entschieden abgewiesen.* [44]

Erst mit den pflegerischen Aktivitäten des 1996 gegründeten „Hianzenvereins" hat die positive Besetzung des Begriffes eingesetzt. Dank seiner Initiative bleibt auch das Interesse an der Forschungsgeschichte wach.

Zugegebenermaßen muss auch dieser Versuch zur Klärung der Begriffsherkunft hypothetisch bleiben. Aber gegen alle anderen mehr oder weniger fadenscheinigen Erklärungsversuche erscheint die von Johann Willibald Nagl gelegte Spur zu den Heanlkramern – gepflastert mit der hier dargelegten Faktenlage – als der etymologisch kausalste und zielführendste Weg.

Anmerkungen

[1] *Johann Willibald Nagl: Die „Hienzen". Eine ethnographisch-etymologische Studie. In: Zeitschrift für österreichische Volkskunde, VIII.Jg. Wien 1902, S. 161-165; S. 161. Nagl äußert dabei auch die Ansicht, dass es sich beim Begriff „Hienzei" um eine Suffigierung des Wortes Hienz mit dem Nominalsuffix –ei handeln dürfte, ähnlich wie bei Lombardei, Tschechei oder Mongolei.*

[2] *Sepp Gmasz: „Die Heanzen", 25-minütiger Dokumentarfilm in der Reihe „Ins Land einischaun", Erstausstrahlung 21.9.1996.*

[3] *Eine erste eigene Veröffentlichung zu diesem Thema siehe in dem Beitrag: Sepp Gmasz: Von Hianzen, Hianlkramern und der Hienzey. Versuch einer etymologischen Konnotation. In: Begegnungen. Festschrift für Konrad Köstlin zur Emeritierung am 30. September 2008. Hg.v. Institut für Europäische Ethnologie der Universität Wien. S. 169-186. = Veröffentlichungen des Instituts für Europäische Ethnologie der Universität Wien, Band 32, Wien 2008.*

[4] *Die Schreibung des Begriffes variiert je nach Autor und Quelle: Heanzen (Heanzn), Hianzen (Hianzn), Hüenzen, Hoanzen (Hoanzln), Heinzen; manchmal auch mit Einklammerung des nasalen „n" geschrieben. Heute allgemein geläufig ist die durch den Hianzenverein popularisierte Form „Hianzn".*

[5] *Johann Matthias Korabinsky: Almanach von Ungarn auf das Jahr 1778. Mit Kupfern. Wien und Pressburg 1778.*

[6] *Leopold Schmidt: Die Hienzen. Ein Forschungsbericht 1778-1978 S. 29-57. In: Volkskultur im Medienzeitalter. = Jahrbuch des Josef Reichl-Bundes Bd. V, Güssing 1979. S. 35.*

[7] *Pfarrarchiv Mönchhof, Sterbematriken, 14.8.1709.*

[8] *Joseph Vinzenz Häufler: Sprachenkarte der österreichischen Monarchie: sammt erklärender Übersicht der Völker dieses Kaiserstaates, ihrer Sprachstämme und Mundarten, ihrer örtlichen und numerischen Vertheilung. Pest 1846.*

⁹ *Karl Freiherr von Czörnig: Ethnographie der oesterreichischen Monarchie. II.Bd, Wien 1857, S. 191. Gegen die Ableitung von mittelalterlichen Grafen namens Heinrich sprechen sowohl lautliche Gründe als auch die Tatsache, dass der Begriff Hianzen/Heinzen nachweislich erst im 18. Jh. auftaucht.*

¹⁰ *Johann von Csaplovics: Gemälde von Ungern. Erster Teil, Pesth 1829, S. 206. Csaplovics darf aufgrund seiner reichhaltigen Publikationstätigkeit als ausgewiesener Kenner der ungarischen Ethnographie betrachtet werden.*

¹¹ *Johann von Csaplovics: Ethnographische Miscellen von Ungarn. In: Hesperus. Encyclopädische Zeitschrift für gebildete Leser (1820), Bd.27, Nr.20, S.153-158; Fortsetzung Nr. 23, S. 182-184.*

¹² *Wie Anm. 11, S. 183.*

¹³ *Joseph Heinbucher von Bikkessy: Pannoniens Bewohner in ihren volksthümlichen Trachten auf 78 Gemählden dargestellt; nebst ethnographischer Erklärung. Wien 1820.*

¹⁴ *Zit. Nach Dietmar Ulreich: Der Ponzichter in der Literatur. In: Hianzenkalender 2001, S. 64.*

¹⁵ *Johann von Csaplovics: England und Ungarn. Eine Parallele. Im Anhange: Über die deutschen in Ungern. Halle 1842, S. 124.*

¹⁶ *Karl Julius Schröer: Heanzen-Mundart. In: Die deutschen Mundarten. Vierteljahresschrift für Dichtung, Forschung und Kritik. (Hg. von Karl Frommann), 6.Jg., Nördlingen 1859, S. 21-33, 179-185, 330-348.*

¹⁷ *Wie Anm. 16, S. 184.*

¹⁸ *Dr. H.[Michael Haas]: „Die Hienzen. Ein Beitrag zur Völkerkunde in Ungarn. I." In: Presburger Zeitung. Nr. 284, 12. 12.1854, und Nr. 285, 13.12.1854.*

¹⁹ *wie Anm. 18, S. 261. Auch gegen diese Theorie spricht, dass das Wort „hiaz"(jetzt) ohne Nasalierung ausgesprochen wird.*

²⁰ *M.A Becker: Die Heanzen (1862.). In: Vaterländische Blätter, Wien 1880, S. 75-91. Zitat S.88.*

²¹ *Weitere Literatur zur Etymologie des Begriffes „Hianz" in Auswahl: Johann Heinrich Schwicker: Hianzen. In: Die Deutschen in Ungarn und Siebenbürgen . Wien und Teschen 1881, S. 207-219. – Irene Thirring-Waisbecker: Kleine Beiträge zur Volkskunde der Hienzen: Zur Namensableitung der Hienzen. In: Ethnologischen Mitteilungen aus Ungarn, Heft 4 (1904), S. 36-37. – Elemér Schwartz: Der Name „Hienz". Ungarische Rundschau für historische und soziale Wissenschaften 4. Jg. , München und Leipzig 1915, S. 946-951. – Hans Levar: Josef Reichl, des Dichters Heimat, sein Leben und Werk. In: Burgenland, 3.Jg, 3. Heft (1930), S. 65-81. Sein Ansatz: Der Name Heinz/Heanz sei zu einem Appellativ für einen tölpelhaften Bauern geworden; daher auch das Wort heanzen für spotten, das sich noch häufig bei Nestroy findet.*

²² *Zu den Marktordnungen siehe: Alexander Gnigl: Geschichte der Wiener Marktordnungen. Wien 1865.*

²³ *Johann Basilius Küchelbecker: Allerneueste Nachricht vom Römisch-Kaiserl. Hofe. Nebst einer ausführlichen Beschreibung der Kayserlichen Residenz-Stadt Wien, und deren umliegenden Oerter. Hannover 1732, S.470.*

²⁴ *wie Anm. 23, S. 188.*

²⁵ *Vgl.: Ingrid Pommer: Altwiener Kaufrufe. Maschinschr. Dissertation. Wien 1964. Bei Pommer sind die Hühnerhändler und Eierweiber der Gruppe der Kaufruftypen ohne überlieferte Rufe zugeordnet, S. 11. Diese Annahme kann sich wohl nur auf den negativen Fundbestand beziehen.*

²⁶ *Vgl.: Hubert Kaut: Kaufrufe aus Wien. Volkstypen und Straßenszenen in der Wiener Graphik von 1775 bis 1914. Wien und München 1970.*

²⁷ *Wien Museum, Kaufrufe. Kolorierter Kupferstich Nr. 3 aus der Serie „Der Kaufruf in Wien", gez. von J(ohann) C(hristian) Brand. Das Wien Museum besitzt in seiner Kunstsammlung noch weitere Blätter zum Sujet Hühnerkrämer auf den Wiener Märkten.*

²⁸ *Realis (Pseudonym für Gerhard von Coeckelberghe-Dützele): Geschichten, Sagen und Merkwürdigkeiten aus Wien's Vorzeit und Gegenwart. Wien 1841, S. 115.*

²⁹ *Die Gemeindeverwaltung der Reichshaupt- und Residenzstadt Wien in den Jahren 1867 – 1870. Wien 1871, S. 492.*

³⁰ *Esterházy-Archiv Forchtenstein, Prot. Nr.7704 bis 7724. Für den Hinweis sei Dr. Harald Prickler (†)*

gedankt.

[31] Hans Werner Bousska: „Alles hab i do – schaun S' her". Die Geschichte des Marktes von Meidling. In: Blätter des Bezirksmuseums Meidling, Heft 29 (1991), S. 91-105.

[32] Stiftsarchiv Klosterneuburg, Karton 924, Nr. 60.

[33] Michael Hahn: Der Bezirk Sechshaus. Wien 1853, S.96.

[34] Komitatsarchiv Sopron. Konskription 1850, Beschreibung sämtlicher Einwohner des Ortes Zillingthal der Oedenburger Gespanschaft.

[35] Anton Herrmann: Die Hienzen. In: Die österreichisch-ungarische Monarchie in Wort und Bild. Ungarn, Bd.4, Wien 1896, S.392-400. S. 396.

[36] Kálmán Kiss: Hendlkrämer. In: Burgenländische Heimatblätter, 55.Jg., H.3, Eisenstadt 1993, S. 109-115.

[37] Wie Anm. 36, S. 111. Die ungarischen Bezeichnungen für Geflügelhändler lauten „Baromfikereskedö" oder „Tyukász".

[38] Mitteilungen aus einem Gespräch mit Anton Ehrenreich, Sommer 1998.

[39] Otto Krammer: Wiener Volkstypen. Wien 1983. S.34.

[40] Emil Karl Blümml: Schottkys Volksliedernachlass, I. Texte, Wien 1912. = Quellen und Forschungen zur Deutschen Volkskunde, Hg. v. E.K.Blümml, Band VII. Lied Nr. XXXIX, S. 27.

[41] Burgenländisches Volksliedarchiv, Mappe 151/67.

[42] So nannte man die Bewohner der deutschsprachigen Dörfer des ehemaligen Komitats Wieselburg. Als Heu- oder Heidebauern belieferten sie die Wiener Märkte mit Futterheu von den Wiesen des Hanságs.

[43] Freundliche Mitteilung des Museumsleiters Heinrich Spitznagl, Bezirksmuseum Margareten, Wien V.

[44] Burgenland. Vierteljahreshefte für Landeskunde-Heimatschutz und Denkmalpflege, 4. Jg., Folge 1/2 (1931), S. 188f.

Hianzenpreis 2019

**Laudatio anlässlich der Preisverleihung an Dr. Sepp Gmasz
bei der „Langen Nacht der Hianzen" am 18.10.2019 in Oberschützen
von HR DDr. Erwin Schranz**

Wohl kaum jemand im Burgenland kennt nicht die Stimme von Sepp Gmasz aus
Hörfunk und Fernsehen: unverkennbar in ihrer angenehm sonoren und melodiösen
Weise. Darüber hinaus war und ist Sepp Gmasz aber auch eine starke Stimme für

die burgenländische Volkskultur: lange Jahre beim ORF Burgenland als Leiter der Abteilung für Volkskultur. In der Tradition der Volksmusikanten brachte er seit 1992 seine musikalische Stimme bei der legendären ORF-Band „Buchgrabler" zum Einsatz.

Sepp Gmasz wurde am 31. Oktober 1949 in Frauenkirchen geboren und war der Spross eines Heidebauern und einer „Baoulzichterin" (seine Mutter stammte aus Ödenburg/Sopron). Er studierte Musikerziehung, Geschichte und Volkskunde an der Universität Wien, promovierte zum Dr. phil. und war einige Jahre als Universitäts-Assistent tätig. Seine Liebe zur Volkskultur führte ihn ins Burgenland zurück, wo er sich große Verdienste um die Volksmusik und die burgenländisch-hianzische Volkskultur erwarb. Mit wissenschaftlicher Genauigkeit erforschte er mit Vorliebe die Wurzeln der Hianzen, etwa woher wir unseren Namen haben. Aus seiner Feder stammen auch das „Burgenländische Volksmusikbuch", das „Wirtshausliederbuch" und das „Große Burgenländische Blasmusikbuch". Auch als Komponist konnte sich Sepp Gmasz verewigen.

Sepp Gmasz ist es gelungen, Theorie und Praxis reizvoll zu verbinden. Er war nie abgehoben, immer mit beiden Beinen am Boden der burgenländischen Realität stehend und als Präsident des Österreichischen und Burgenländischen Volksliedwerks (mit Sitz in unserem Haus der Volkskultur in Oberschützen) standen und stehen wir in engem Kontakt. Bei vielen wissenschaftlichen und volkstümlichen Veranstaltungen trat er als profund vorbereiteter und gewinnender Moderator auf. Man spürte: „Gsungen und gspüd" – nicht nur an seiner Drehleier – ist sein Leben. Sein Einfühlungsvermögen für das ländliche Alltagsleben, das Nachspüren und Hineindenken in eine versinkende dörfliche Welt, gepaart mit Frohsinn und Heiterkeit haben ihn über den ORF und das „Jahr der Volkskultur" hinaus bekannt und beliebt gemacht. Auch heute noch werkt und wirkt er forschend als Gründer des Archivs der Stadt Neusiedl, deren Ehrenbürger er ist, und als Herausgeber der Neusiedler Jahrbücher.

Seine Schaffenskraft möge der burgenländischen Volkskultur noch lange erhalten bleiben! Die burgenländisch-hianzische Gesellschaft freut sich, Dr. Sepp Gmasz den Hianzenpreis 2019, der jedes Jahr für „Verdienste um die burgenländische Mundart" vergeben wird, zu verleihen (in Form eines Buches aus Edelserpentin), den er sich auf Grund seines beeindruckenden Lebenswerkes zu seinem 70. Geburtstag wohl verdient hat.

Obschied neimma

Alfred Pinter

Zeit is s

Ols nimmt amul a End und waunn s da längsti Zwianfodn is.
Da Neinziga kloupft scha an da Tür und muat deis ah,
mei Leibmsfodn dem End zui geht, dos is gwiß.

Hob in Schädl vula Gedaunkn, wos i nou schreibm mecht,
s fold ma imma schwara, kimm schlecht damid zrecht.
Mei innri Stimm sogt, hear auf zan schreibm, es war an da Zeit.
I wülls nit woahneimma, owa hiaz is s souweit.

Is ma schwa ums Hearz, dass i ba meini Hianzn
kuani Gschichtln meah schreib.
Owa, waunn i zruckdeinga tui, woa s a scheini, a scheini Zeit.

Pfiat di Hianznvarein und Schreib-Werkstott.

*Diese berührenden Zeilen sandte Alfred Pinter, der 2019 seinen
90. Geburtstag beging, an den Hianzenverein.*

15 Jahre Kindermalkurse
mit Christian Ringbauer

Hianzenwein 2019

von Gunther Seel

Ein trauriger Schatten liegt über dem Hianzenwein 2019. Der Sieger in der Kategorie Rotwein, Josef „Petsch" Bradl, erfuhr zwar noch im Krankenhaus von seinem Erfolg bei der Prämierung, verstarb aber kurz darauf nach schwerer Krankheit. Unser Mitgefühl gilt deshalb seiner Familie, die im Übrigen beschlossen hat, den Betrieb in seinem Sinn weiterzuführen.

Bradl gewann die Rotweinwertung mit einem fruchtigen Zweigelt vom Csarterberg, gefolgt von einem klassischen Blaufränkisch aus Deutschkreutz vom Weingut Wiedeschitz. Der drittplatzierte Rotwein, ebenfalls ein klassisch ausgebauter Blaufränkisch, stammte aus Podersdorf vom Weingut Lentsch – alle Regionen des Burgenlandes, der Norden, die Mitte und der Süden waren also wie immer vertreten.

Besagtes Weingut Lentsch aus Podersdorf zeichnete auch für den Sieger in der Kategorie Weißwein verantwortlich. Mit einem kräftig-fruchtigen Chardonnay konnte die gestrenge Jury überzeugt werden. Auf dem zweiten Platz folgte ein eleganter Sauvignon Blanc aus Donnerskirchen vom Weingut Hafner. Den dritten Platz belegte ein Weißburgunder von gewohnt hoher Qualität vom Weingut Mittl aus St. Kathrein.

Auch heuer wieder konnten somit im Zuge der Hianzenwein-Prämierung neue Weingüter vorgestellt werden, die auch auf Anhieb durchaus reüssieren konnten. Die prämierten Weine wurden beim „Hianzntog" feierlich vorgestellt und zur Verkostung angeboten.

Die Hianzen „af da Roas"
Eine romantische Berg- und Seentour durch Kärnten und Osttirol

von Doris Seel

Es schien als hätte der Heilige Petrus diesmal etwas gegen unsere jährlich stattfindende große Hianznroas einzuwenden gehabt. Massive Unwetter, Stürme, Murenabgänge und Straßensperren in Kärnten und Osttirol verunsicherten die Reiseplanung erheblich – letztlich siegte jedoch unser Optimismus und zu Allerheiligen ging es voller Zuversicht in unser südlichstes Bundesland. Über die Pack und das Klippitztörl erreichten wir Friesach und entdeckten den Charme der ältesten Stadt Kärntens mit seinen gut erhaltenen mittelalterlichen Bauwerken und der imposanten Stadtbefestigung mit der beindruckenden Bäckertauche.

Nach einer süßen Stärkung in einer der vielen hervorragenden Konditoreien, die uns auf dieser Reise noch des Öfteren verführen sollten, wandelten wir auf den Spuren der Gräfin Hemma von Gurk und besichtigten den mächtigen Dom zu Gurk mit seinen herrlichen Fresken. Weiter ging es durch das Kärntner Zollfeld, eine der ältesten Kulturlandschaften Kärntens, die lange Jahre das kulturelle und politische Zentrum der römischen Provinz Noricum darstellte. Der heute etwas kurios anmutende Herzogsstuhl, der eine wichtige Rolle bei der Inauguration der Herzöge in Kärnten spielte, wurde von den Hianzen ausgiebig bestaunt.
Nach einem Besuch der spätgotischen Wallfahrtskirche in Maria Saal mit ihren Wehranlagen und dem Karner ging es in unseren gemütlichen Laurenzhof nach Lendorf, idyllisch gelegen ganz in der Nähe des Ossiachersees.

Bereits am nächsten Tag hatte sich das Wetter stabilisiert und wir konnten ohne Probleme unsere Reise fortsetzen. Diesmal begleiteten uns die – auch im Spätherbst – sehr reizvollen Kärntner Seen und wir erreichten – nach wie vor auf den Spuren Hemmas von Gurk – Millstadt mit seinem Benediktinerkloster und der zugehörigen romanischen Stiftskirche. Nach dem obligatorischen Gruppenfoto und einer kleinen Seerunde und Stadtbesichtigung Millstadts – wieder süß verführt durch eine der hiesigen Konditoreien – bewunderten wir die Stiftskirche Ossiach mit ihrem stimmungsvollen Friedhof, liebevoll für Allerheiligen geschmückt. Bei einem gemütlichen Abend am offenen Kamin des Hotels ließen wir die Eindrücke dieses Tages nochmals vorüberziehen.

Die allgemeine Verkehrslage hatte sich mittlerweile soweit beruhigt, dass wir schließlich auch unsere geplante Rundreise durch Osttirol wagen konnten. Immer

wieder waren Spuren von Überschwemmungen, Muren und massiven Schäden zu sehen, die über Osttirol in diesen Tagen hereingebrochen waren. Trotzdem konnten wir uns den Reizen dieses Teils von Tirol nicht entziehen. Ein kleiner Abstecher zum Schloss Porcia machte uns so richtig munter und auf dem Weg nach Lienz stießen wir wieder auf antike Spuren dieser Region mit den beindruckenden Ruinen der römischen Siedlung Aguntum.

Nach einer ausgiebigen Lienzer Stadtbesichtigung wagten wir einen spontanen Abstecher zur Naturbrennerei Kuenz, die ein kleines Highlight dieses Tages darstellte. Vollbepackt mit herrlichsten Schnäpsen, Likören, Gin und Whisky ging es weiter ins überaus romantische Virgental über das Örtchen Matrei und Virgen bis zum Talschluss. Und in der hereinbrechenden Dämmerung schlängelten wir uns mit unserem Bus dann auch noch durch das Villgratental und genossen die besinnliche Stimmung der Pfarrkirche des Heiligen Martin in Innervillgraten. Mit den etwas schrägen Klängen des berühmten Osttiroler Musikensembles „Fraunui" ging es – nach einem kurzen Abstecher nach Panzendorf zum italienischen Süßwarenkönig Loacker – heim nach Lendorf.

Die frühen Morgenstunden des letzten Tages genossen wir am herbstlich-stillen Weissensee und bei unserem Stadtrundgang verführte uns – wieder einmal – eine

hervorragende Konditorei! Einen Höhepunkt unserer Heimreise stellte der Besuch des Benediktinerstiftes St. Paul im Lavanttal dar – eine beeindruckende Burganlage aus dem 11. Jahrhundert. Als eines der ältesten noch aktiven Klöster Kärntens wird St. Paul auch als Schatzkammer Kärntens bezeichnet. Die überraschende und sehr herzliche Gastfreundschaft im kleinen Kaffeehaus des Stiftes stellte einen schönen und herzerwärmenden Abschied von Kärnten dar.

Die Heimfahrt führte uns über die landschaftlich reizvolle Soboth und auch die Steiermark bewies uns beim geselligen Abschluss unserer Hianznroas ihre gemütliche Gastlichkeit im bodenständigen Gasthaus Messner. Mit kulturellen und kulinarischen Genüssen reich beschenkt und gesättigt kehrten wir glücklich und zufrieden heim in unser Burgenland.

Geschichten
aus dem Land

Eangelische Kirche Oberschützen

Zur Geschichte Oberschützens

Archäologische Funde und Gräber aus römischer Zeit weisen auf eine frühe Besiedelung des Ortes hin. Gefunden wurden Eisen- und Bronzefibeln, Tonurnen, Tongefäße sowie Leichenbrandreste. Die erste urkundliche Nennung geht auf das Jahr 1271 („Sagittarii = Bogenschützen") zurück. Diese Bogenschützen, die von den Arpadenkönigen als Grenzwächter angesiedelt worden waren, hatten sich um 1270 den Güssinger Grafen, die gegen die Könige Stephan V. (1270-1272) und Ladislaus IV. (1272-1290) revoltierten, angeschlossen. Nach Niederschlagung der Revolte wurde den Aufständischen zur Strafe ihr Besitz entzogen und eine Rückkehr zu ihren Wohnstätten verboten. Wahrscheinlich wurden deren Plätze in der Folgezeit von deutschen Kolonisten eingenommen; spätestens nach der Niederwerfung der Güssinger (1336) gingen die beiden „Schützenorte" (Ober- und Unterschützen) in königlichen Besitz über.

Oberschützen entstand somit aus einer mittelalterlichen Grenzwächtersiedlung und war seit dem Kauf der beiden Schützendörfer 1393 durch die Familie Kanizay ein Teil der Herrschaft Bernstein. 1487 gelangte die Herrschaft in den Besitz der Familie Königsberg, die schon in der Bucklingen Welt über ausgedehnten Grundbesitz verfügten. Aus diesem Grund wurde sie in der Folge als Bestandteil von Niederösterreich angesehen, obwohl sie staatsrechtlich weiterhin ein Teil des Königreiches Ungarn blieb. Die Königsberger waren von Anfang an fleißige Förderer der Reformation. Der erste namhaft bekannte Prediger, der in Oberschützen Luthers Lehre verkündete, war der Flacianer Alexander Püchler in der Zeit um 1580.

1644 waren die Königsberger wegen eines inzwischen angehäuften Schuldenberges gezwungen, an Adam Batthyany zu verkaufen. Die Batthyany konnten mit der Herrschaft Bernstein ihren bereits ausgedehnten Güterkomplex in Westungarn, bestehend aus den ehemaligen Herrschaften Güssing, Rechnitz, Schlaining, Gerersdorf, Burg, Neuhaus am Klausenbach und Körmend abrunden.

Eigentlich wurde die Herrschaft mit der Auflage der Wahrung aller Freiheiten – darunter auch der religiösen – an den katholisch gewordenen Grafen Adam I. Batthyány verkauft. Doch dieser trieb gegen sein Versprechen den protestantischen

Pfarrer und Lehrer aus dem Ort und erhöhte Abgaben und Leistungen der Untertanen. Das Toleranzpatent Kaiser Josephs II. vom Jahre 1781 brachte entscheidende Veränderungen. 1782 wurde den Evangelischen des Ortes vom Grafen Theodor Batthyány die Erlaubnis erteilt, ein Bet- und Schulhaus auf eigene Kosten zu errichten. Eine Karte der Josephinischen Landesaufnahme zeigt den damaligen Ort mit seinen am Willersbach und auf den Talhängen verstreut gelegenen Häusern; nur die katholische Kirche und das evangelische Bethaus – dem Toleranzpatent entsprechend noch ohne Turm – waren aus Stein erbaut. 1804 wurde der Turm der evangelischen Kirche fertig gestellt und 1814 wurde mit dem Bau einer evangelischen Volksschule begonnen. Der Friedhof um die katholische Kirche diente den Verstorbenen beider Glaubensbekenntnisse.

Bedingt durch das feudale System der Grundherrschaft hatte die breite Masse der bäuerlichen Untertanen den größten Teil der Steuern und Abgaben zu leisten. Grund und Boden war im Eigentum der Grundherren. Für die Bewirtschaftung desselben hatten die Bauern eine Vielzahl von Abgaben und Leistungen zu erbringen, die sich aus Geld, Naturalien, Zins und Robot zusammensetzten.
Besonders zu schaffen machten den Untertanen die als Arbeitsleistung zu verrichtenden langen Fuhren, also der Transport von Gütern an weiter entfernte Ziele. Diese nahmen mit der geänderten Lebensweise des Adels, der größtenteils nicht mehr auf den Gütern, sondern in den Städten Wien, Graz und Pressburg residierte, im 18. Jahrhundert enorm zu. Die Palais in den Städten mussten ebenso wie die Märkte mit herrschaftlichen Waren versorgt werden.
Diese drückende Last war vielerorts Anlass für Beschwerden und Aufstände der betroffenen Bauern in weiten Teilen des Komitats Eisenburg. Die Bauern wandten sich mit ihrer Bitte um eine gerechte Robotaufteilung an die Königin Maria Theresia, die mit der Einführung des „Maria Theresianischen Urbars" die Lage entspannen konnte. Darin wurde der Besitz und nach dessen Größe der Umfang der Rechte und Verpflichtungen aufgezeichnet. Am System der Grundherrschaft hielt man aber weiterhin fest, allerdings wurde zu Beginn des 19. Jahrhunderts zunehmend von führenden Politikern ernsthaft über eine Änderung der sozialen Verhältnisse nachgedacht.

Von 1818 bis 1848 wirkte die wohl bedeutendste historische Persönlichkeit in Oberschützen, der evangelische Pfarrer Gottlieb August Wimmer. Mit ihm begann der Aufstieg Oberschützens zum protestantischen Zentrum und zum Schul- und Bildungszentrum. Ihm verdankt Oberschützen die Gründung seiner höheren Schulen („Lehrerseminar" und Gymnasium). Wimmer kümmerte sich neben den seelsorgerlichen Belangen aber auch um die sozialen und wirtschaftlichen der Dorfbewohner. So führte er den Obstbau ein, impfte eigenhändig unzählige Kin-

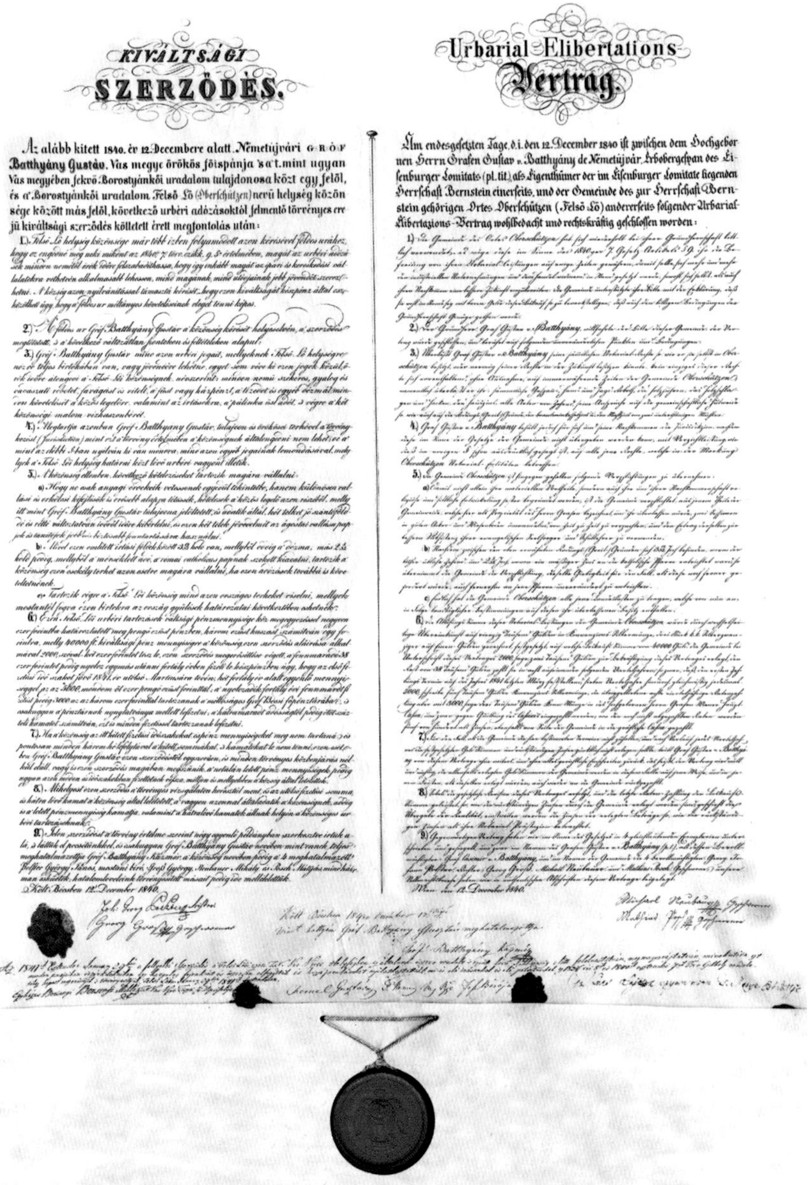

KIVÁLTSÁGI SZERZŐDÉS.

Az alább kitett 1840. év 12. Decembere alatt Németujvári GRÓF Batthyány Gustáv. Vas megye örökös főispánja 's a t. mint ugyan Vas megyében fekvő Borostyánkői uradalom tulajdonosa közt egy felől, és a' Borostyánkői uradalom Felső Lő (Oberschützen) nevű helység közönsége között más felől, következő urbéri adózásoktól felmentő törvényes erejü kiváltsági szerződés kölletett érett megfontolás után:

Urbarial-Elibertations-Vertrag.

Am endesgesetzten Tage, d. i. den 12. December 1840 ist zwischen dem Hochgebornen Herrn Grafen Gustav v. Batthyány de Németujvár, Erbobergespan des Eisenburger Comitats (pl. tit.) als Eigenthümer der im Eisenburger Comitate liegenden Herrschaft Bernstein einerseits, und der Gemeinde des zur Herrschaft Bernstein gehörigen Ortes Oberschützen (Felsö Lö) andererseits folgender Urbarial-Libertazions-Vertrag wohlbedacht und rechtskräftig geschlossen worden:

Urbarialvertrag, Oberschützen, 1840

der gegen Blattern und auf sein Betreiben hin kauften sich die Oberschützer Bauern im Jahre 1840 als zweite Gemeinde im Königreich Ungarn von der Bernsteiner Grundherrschaft frei.

Denn 1836 ermöglichte der ungarische Reichstag per Gesetz die jährliche Ablöse der Untertanenleistungen, 1840 ging man mit der Erlaubnis zum Abschluss eines Kontraktes auf freiwillige ewige Ablöse noch einen Schritt weiter. Graf Gustav Batthyany war einer der wenigen Grundherren, die von dieser Möglichkeit Gebrauch machten. Er vereinbarte 1838 mit der in seiner Herrschaft Bernstein gelegenen Gemeinde Oberschützen zunächst die Ablöse der jährlichen Leistungen, bevor durch einen zweiten Vertrag 1840, es war der zweite seiner Art in ganz Ungarn, die ewige Ablöse vollzogen wurde.

Zwischen 1842 und 1846 folgten vierzehn weitere Gemeinden der Herrschaft Bernstein, darunter Schmiedrait, Willersdorf, Mariasdorf und Wiesfleck dem Oberschützer Beispiel.

Seminargebäude, Oberschützen

Diese für Oberschützen so spannende Phase der Gemeindeentwicklung lässt sich an Hand einer „Chronik des Freikaufs" von Oberschützen nachzeichnen, die im Zentrum des Symposiums 2019 des Oberschützer Museumsvereins stand.

Zunächst ist anzumerken, dass die „Chronik von Oberschützen von Johann Polster" nur als Abschrift durch Julius v. Stettner erhalten ist, der von 1871 bis 1916 in Oberschützen wirkte, zuerst als Direktor der Evangelischen Schulanstalten und ab 1876 als Pfarrer der Evangelischen Gemeinde. Aus Julius von Stettners Aufzeichnungen geht nicht hervor, welche Rolle der Verfasser der genannten Chronik in der Gemeinde gespielt, wer ihm diese Quelle zur Verfügung gestellt oder wo er sie vorgefunden hat. Insgesamt umfasst die von Stettner abgeschriebene „Ortschronik" in etwa den Zeitraum der Jahre von 1824 bis 1850.
Wie schon oben erwähnt, wurden erst 1767 von Maria Theresia die Urbarialverhältnisse zwischen den Grundherren und den Untertanen für ganz Ungarn gesetzlich geregelt. Dabei wurde die Größe einer Session festgelegt und die dafür zu leistenden Abgaben und Dienste einheitlich für das ganze Land bestimmt.
Nach 1824 (das genaue Datum wird in der Chronik nicht erwähnt) schloss die Gemeinde Oberschützen mit ihrem Grundherren einen Vertrag auf 15 Jahre, nach welchem Robot und Zehent in Bargeld abgegolten werden konnten; für eine Session waren 40 Gulden zu zahlen.
1839 wurde bekannt, dass sich die Grafen Gustav und Casimir v. Batthyány mit der Bewirtschaftung ihrer Herrschaften nicht mehr selber befassen, sondern die Herrschaften Bernstein, Rechnitz und Großpetersdorf verpachten wollten. Gleichzeitig wollten die Oberschützer einen neuen Vertrag auf längere Zeit abschließen, allein die Verpachtungspläne der Grundherrschaft verhinderten das.
Das ließ vor allem bei Pfarrer Wimmer die Idee reifen, ob es nicht möglich wäre, die ganze Gemeinde auf ewig von ihrer Grundherrschaft loszukaufen. Es wurde daher von der Gemeinde unverzüglich beschlossen, bei der Grundherrschaft anzufragen, ob diese bereit wäre, die ganze Gemeinde aus dem Untertänigkeitsverhältnis um bares Geld auf ewige Zeiten zu entlassen. Diesbezüglich gab es auch durchaus positive Signale.
Als dann aber 1839 Gustav von Batthyany seine drei Herrschaften Bernstein, Großpetersdorf und Rechnitz tatsächlich auf 16 Jahre an Emerich v. Klauzál und seine Schwäger, die Herren v. Topperzer, verpachtet hatte, schien der Traum vom Freikauf wieder vorbei zu sein; und die Oberschützer wurden ab Anfang 1840 von den neuen Pächtern, wie der Chronist schreibt, *„fest in die Robot genommen, welches uns, da wir aus der Gewohnheit waren, sehr schwer ankam, auch den Zehend mußten wir geben, und mußten in allen unsere Unterthanenschuldigkeiten in Natura entrichten."*

In diese Zeit fällt die Entdeckung von für die Gemeinde äußerst günstigen verbrieften Privilegien bezüglich Robot und Zehent, die den Oberschützern und Unterschützern seinerzeit von den Freiherren v. Königsberg gewährt wurden. Und mit beglaubigten Abschriften dieser Privilegien wurden die beiden Gemeinden bei der Komitatsverwaltung vorstellig und versuchten, sich diese Privilegien bestätigen zu lassen.

Zeitgleich tagte wie erwähnt in den Jahren 1839 bis 1840 wieder der ungarische Landtag in Pressburg. Unter anderem wurde dort im §9 des 7. Gesetzes-Artikels fixiert, dass nunmehr Grundherren und Untertanen Verträge abschließen durften, die den Untertanen erlaubten, sich durch bares Geld von der Grundherrschaft bezüglich aller Abgaben und des Zehents auf ewige Zeiten loszukaufen.

Im Mai 1840 reisten daher der Richter Johann Georg Polster und der Geschworene Matthias Posch nach Rechnitz zum neuen Pächter, Herrn v. Klauzál, um sich mit ihm über die Freikaufspläne zu besprechen. Herr v. Klauzál erwies sich dabei als *„sehr liberal, hochherzig und menschenfreundlich."*

In Oberschützen fand nach diesem ermutigenden Besuch in Rechnitz eine Beratung mit Pfarrer Wimmer und mehreren Herren der Komitatsverwaltung statt, ob man wegen der unterschlagenen Privilegien des Freiherrn von Königsberg einen Prozess anfangen oder versuchen solle, durch bares Geld sich von der Grundherrschaft loszukaufen. Letzteres wurde schließlich beschlossen.

Auf Grund der neuen Gesetzeslage gab der Grundherr seine Zustimmung zu Verhandlungen mit der Gemeinde Oberschützen über einen „Loskauf auf ewige Zeiten". Namens der Grundherrschaft sollte Emmerich von Klauzál die Verhandlungen führen.

Am 11. Dezember 1840 wurde schließlich die Oberschützer Delegation, sieben Deputierte mit dem Richter Johann Polster an der Spitze, nach Wien zur Finalisierung des „Loskaufvertrages" eingeladen und saß dem Grafen Casimir von Batthyány, Herrn Wirtschaftsrat von Nagy und Herrn von Klauzál gegenüber und *„der Loskauf wurde durch Gottes Beistand glücklich zu Stande gebracht."*

Am 12. Dezember wurde dann der „Urbarialelibertationsvertrag" für einen fixen Betrag von 40.000 Gulden von beiden Seiten unterfertigt.

Darin überlässt der Grundherr der Gemeinde Oberschützen *„sämmtliche Gespann- Hand- und Jagdrobot, die Holzfuhren, das Holzschlagen und Hacken, den Hauszins, alle Arten von Zehend, seine Ansprüche auf die gemeinschaftliche Hutweide, sowie auch die Rodungs-(Greit)-Gründe; den Branntweinkesselzins und den Mahlzins von zwei unterthänigen Mühlen."* (s. P.3 des Vertrages)

Ebenso wurde auch ein Pfandbrief auf 32 Jahre für den Goberlingwaldgrund, die Wirtshausgerechtsame und für die 14 Joch Cságrund mit einer Summe von 32.000 Gulden unterfertigt.

Und drittens wurde auch mit dem Herrn v. Klauzál der Kauf des Holzes vom Goberlinger Wald, das den Pächtern gehörte, um 5000 Gulden abgeschlossen. Insgesamt ging es für Oberschützen also um eine Summe von 67.000 Gulden, die in Raten innerhalb von zwei Jahren zu bezahlen war.

In der Chronik von Johann Polster lesen wir dazu:
„So ward nun durch Gottes Beistand und Segen dieser große Schritt gemacht, und Oberschützen los von der drückenden Last der jährlichen Abgaben und Beschwerden; zwar haben wir dagegen um dieses abschütteln zu können keine geringe Bürde über uns genommen, denn in kurzer Zeit {nemlich nach dem Sinn des Contractes in zwei Jahren} eine Zahlung von 77, 000 Gulden CMze zu leisten ist, für diese Zeit und unsere Kräfte ein fast unüberwindendes (sic!) Wagniß, allein wir bauen auf des Herrn Hülfe, und hoffen der uns Kräfte gab zum Anfange, wird uns auch zum Gelingen und Zahlung seinen Segen und Beistand verleihen.“

Wie aus der Chronik von Johann Polster hervorgeht, begannen die Oberschützer sofort ihre Souveränitätsrechte, die aus dem Freikaufvertrag hervorgingen, zu beanspruchen. So erfolgte z.B. noch im Jänner 1841 die Wahl eines Richters und der Gemeinderepräsentanz. Von Juni bis November 1841 erfolgte im Auftrag der Gemeinde die Neuvermessung des Oberschützer Hotters.
Im April 1844 wurde in Wien die letzte Rate der Loskaufsumme eingezahlt, sodass

Evangelisches Gymnasium, Oberschützen

nunmehr auch eine endgültige Übergabe aller Rechte an die freie Gemeinde erfolgen konnte. Diese Übergabe erfolgte am 23. Juni in einem festlichen Rahmen und in Anwesenheit von hohen Vertretern des Komitates.

Erst in den 50er Jahren erfolgte dann die allgemeine Grundentlastung auch in Ungarn, wobei der Staat die Entschädigungen der Grundherren übernahm. Es versteht sich wohl von selbst, dass die Gemeinde Oberschützen von den staatlichen Stellen eine aliquote Entschädigung für die Summen einforderte, die sie der Freikauf gekostet hatte.

Am 25. April 1870 bekam Oberschützen nach langjährigem Bemühen von der Direktion des königlich ungarischen Grundentlastungsfonds eine Ablösungssumme von 26.080 Gulden zurück, die laut Gemeindeausschussbeschluss vom 28. Mai 1873 in „Form einer Obligation als Capital in der Gemeinde Casse verbleiben und nicht an die Einzelnen vertheilt werden soll." (Archiv der Gemeinde Oberschützen)

1897 kamen noch einmal 28.250 Kronen als Regalablösung (Regalien waren dem Grundherrn zustehende Hoheitsrechte, wie z. B. das Schankrecht) für 3 Gasthäuser und einen Wald dazu.

Zwischen den „Urbarialisten", die den Freikauf in den Jahren 1841 – 1844 finanziert hatten, und der politischen Gemeinde (Urbarialisten und Nicht-Urbarialisten) kam es ab Mitte der 90er Jahre zum Streit, wem die Ablösesummen wirklich zustehen, denn von staatlicher Seite war nur die politische Gemeinde Adressat.

Eröffnung des Bahnhofs am 24.3.1903, Oberschützen

Mahnmal in Oberschützen (1938/39 errichtet als sogenanntes „Anschlussdenkmal"). 2018/19 unter Denkmalschutz gestellt und saniert, wurde von der Gemeinde eine „Arbeitsgruppe Denkmäler" unter Einbindung der Bevölkerung eingerichtet, um Ideen für eine sinnvolle, zukunftsfähige Verwendung dieses historischen Gebäudes, „als Erbe das prägt" zu entwickeln.

Schließlich kam es am 7. November 1897 zwischen Urbarialisten – Sessionisten und politischer Gemeinde unter Mitwirkung der Obrigkeit zu einem 1. Vergleich: 28.250 Kronen Regalentschädigungspapiere, 3 Gasthäuser und der Wald (Eichwald) bleiben im Besitz der politischen Gemeinde, 30.600 Kronen Grundentlastungs-obligationen und Grundstücke kommen in das Eigentum der Urbarialisten. Um den Eichwald stritten die Konfliktparteien aber noch 5 Jahrzehnte.
Der endgültige Ausgleich in diesem „Konflikt" erfolgte übrigens erst 1950: Die Gemeinde anerkannte den Anspruch der Urbarialgemeinde auf den Eichwald, erhielt dafür aus dem bis zuletzt strittigen „Eichwald" jährlich 15 Festmeter Rund-holz (Bauholz) und 8 Raummeter Brennholz.

Nach diesem Exkurs zum Freikauf aus der Oberschützer Chronik nun zurück zu Gottlieb August Wimmer.

Wegen seiner aktiven Teilnahme an der ungarischen Revolution gegen das Haus Habsburg musste Wimmer 1848 ins Ausland flüchten und kehrte nicht mehr nach Oberschützen zurück. Das von ihm begonnene Werk entwickelte aber auch ohne ihn eine ungeahnte Eigendynamik.

Spatenstich Kultur- und Hochschulzentrum, 1979, Oberschützen

Als nach dem Ende des Ersten Weltkrieges das vormalige „Deutschwestungarn" als neues Bundesland Burgenland zu Österreich kam, war die Evangelische Lehrerbildungsanstalt (heute Wimmer-Gymnasium) Oberschützen die einzige höhere Schule des jüngsten Bundeslandes. 1938 wurden beide Schulen im Zuge des Anschlusses verstaatlicht und als staatliche Schulen bis 1945 weitergeführt.

1946 wurden das frühere Evangelische Realgymnasium als Bundesrealgymnasium und das Internat als Bundeskonvikt wiedereröffnet. Die ehemalige Lehrerbildungsanstalt blieb zunächst geschlossen und nahm erst wieder 1958 als Evangelische Lehrerbildungsanstalt Oberschützen den Betrieb auf.

Eine weitere Bereicherung des Bildungsangebotes erfuhr der Schulort Oberschützen 1965 durch die Errichtung einer Expositur der Grazer Musikakademie (heute Institut Oberschützen der Kunstuniversität Graz). Die Expositur war zunächst in verschiedenen Gebäuden provisorisch untergebracht, bis schließlich im Jahr 1982 das Kultur- und Hochschulzentrum fertig gestellt war.

Im Jahre 1966 bekam Oberschützen eine Hauptschule; das neue Hauptschulgebäude mit einem Turnsaal war 1972 fertig. Das im Jahre 1930 errichtete und wiederholt renovierte Schwimmbad (ältestes Freibad im Burgenland) war nicht nur als wichtiges

Haus der Volkskultur 2003 eröffnet

Freizeitangebot für die Ortsbevölkerung gedacht, sondern auch für die Schulen und für die gesamte Region. 1978 wurde der Kindergarten eingerichtet.

Schließlich erfolgte in den Jahren 1993 und 1994 die Errichtung des Gemeindezentrums Oberschützen mit Gemeindeamt, Postamt und Feuerwehr und des Raiffeisenbankgebäudes nach einem einheitlichen architektonischen Konzept. Den Abschluss der Erneuerung des Ortszentrums bildete die im Jahr 2003 von der politischen Gemeinde, der evangelischen Gemeinde und dem evangelischen Schulwerk gemeinsam getragene Gestaltung des G. A. Wimmer-Platzes.

Als ein weiteres wichtiges Kulturzentrum wurde im selben Jahr das „Haus der Volkskultur" eröffnet, das seit dieser Zeit die Burgenländisch-Hianzische Gesellschaft („Hianzenverein"), den Museumsverein Oberschützen und das Burgenländische Volksliedwerk beheimatet.

Heute kann die Gemeinde mit den Ortsteilen Oberschützen, Aschau, Unterschützen, Willersdorf und Schmiedrait eine Infrastruktur vorweisen, wie sie nur wenige Orte dieser Größenordnung besitzen.

Auswahl und Zusammenstellung: Doris und Gunther Seel.

Quellen

Oberschützer Museumblätter. Hrsg. v. Museumsverein Oberschützen. Folge 15, 2019.
Zitiert wurde aus 2 Artikeln: Gert Polster: Grundherrschaft und Bauernbefreiung, S. 2 ff. /
Helmut Frauneder: Freie Gemeinde Oberschützen – Die Chronik des Freikaufs, S. 7 ff.
Homepage der Gemeinde: Die Geschichte Oberschützens.

Die Fotos zu diesem Artikel wurden uns freundlicherweise von Gerhard Posch zur Verfügung gestellt!

Felsölövö ...

Glotz-Kiss Margit kezdeményezésére *Juhász László* szerzö
„Burgenlandi történelmi útikalauz" (Geschichtsfremdenführer
Burgenland magyarnylevü kiadványa)

*Dieser Text stammt aus einem Geschichtsfremdenführer Burgenland,
der auf Initiative von Kiss-Glotz Margit entstanden ist.*

A szép fekvésű község Felsőőrtől hat kilóméterre északra helyzekedik el az 50-es főút mentén. A helység nagyrészt kertes családi házakból áll, csak a templom közelében fogadják városias jellegü, emeletes épületek a látogatót.

Az iskolaépületek közül az evangélikus templomhoz északról csatlakozó, 1842-ben épült épületszárny a legrégebbi. A kétemeletes, középső főépületet 1853-ban, a templommal szemben fekvő, harmadik épületszárnyat pedig 1857-ben emelték. A múlt században itt evangélikus tanítóképző, hatosztályos gimnázium, négyosztályos reáliskola és száz férőhelyes kollégium működött. Ma zenepedagógiai gimnáziumnak ad helyet, amelyet legutóbb 1968-ban teljes egészében felújítottak. A 60-as évek végén épült Kultúrális Központban (Kulturzentrum) ma a Gráci Művészeti Egyetem kihelyezett tagozata működik.

Árpádkori magyar határőr település, ahol íjászok, továbbá kisnemesi rangot viselő őrök laktak. 1393-ban *Lewe* néven szerepel egy oklevélben, amely arról tanuskodik, hogy *Sárosi* László 2.000 forintért eladta a falut *Kanizsai* Miklósnak és így az a borostyánkői uradalomhoz került. Később a község *Königsberg,* majd a *Batthyány* család tulajdonába került.

A Szent Bertalanra felszentelt katolikus templom a helység délkeleti részén lévő temetőben áll. Az épület alapja, déli fala és a szentély középkori eredetü (13. sz.). Ma már csak a déli homlokzat két magas, félköríves ablaknyílása utal a romant stílusra. A torony a 19. század második feléből származik.

A helység központjában található Burgenland legrégebbi protestáns temploma. A templom 1785-ben, eredetileg torony nélkül épült, mivel II. József türelmi rendeletének életbelépése előtt csak torony nélküli templomok építését engedélyezték. A keresztre feszített Jézust ábrázoló oltárkép Johann Hemmerle, bécsi festő alkotása 1882-ből, az oltárasztal terítője 1661-ből származó kézimunka. A keresztelőkutat szép barokk szoborcsoport díszíti (1780).
A szomszédos épület a paplak, bidermeier stílusban épült 1836-ban, árkádos tornáccal, Wallner, kőszegi építész tervei alapján.

A paplak szomszédságában áll az első, 1814-ben, jellegzetes magyar kisnemesi kúria-stílusban épült, szép, árkádos udvari homlokzattal rendelkező kétszárnyú iskolaépület. Ebben az épületben oktatott Wimmer Ágoston.

Itt működött a híres evangélikus pap, Wimmer Ágoston (1791-1863), aki felbecsülhetetlen érdemeket szerzett Felsőlövő kultúrális fellendítésében. Az 1840-es évek elején a lakosság részéről egyre nagyobb nyomás volt érezhető a jobbágyság alól való felszabadítás irányába. Mivel a Batthyányi család akut pénzhiányban szenvedett, ez megkönnyítette a tárgyalásokat a lakosság jobbágysorsának pénzzel való megváltásra. Úgyhogy már 1841-ben sor került, a híres kiváltsági szerződés „Eliberationsvertrag", aláírására.

A német származású lelkész, Wimmer Gottlieb Ágoston 1848-ban szívvel-lélekkel a magyar szabadságharc mellé állt. Baráti szálak fűzték Szíj György felsőőri református paphoz, aki tábori lelkészként részt vett a szabadságharcban. Wimmer 1848 nyarán a forradalmi kormány megbízásából Londonban is járt pénzügyi támogatásért. Ugyanez év decemberében a forradalom bukása miatt boroshordóban rejtőzködve menekülnie kellett a császáriak bosszúja elől.

A császári udvar sohasem bocsájtotta meg neki a forradalomban való aktív részvételét és amnesztiát sem kapott. 1863 tavaszán, amikor már súlyos beteg volt, lánya kérésére megengedték neki, hogy két hétre beutazzon Ausztriába. Felsőlövőig már nem jutott el. Bécsben halt meg 1863. május 12-én.

1902-ben a Magyar Királyi Vasutak egy 8km-es szárnyvonalat létesítettek Felsőőr és Felsőlövő között. A cél az volt, hogy a gyógyvizes Tarcsafürdőt (Bad Tatzmannsdorf) és a tovább növekvő felsőlövői iskolákat ellássa. Az evangélikus iskolai intézmény mellett 1903-ban kétnyelvű állami gimnáziumot is létesítettek.

100 évvel később egy Vasúti Múzeumi Egylet vette át a vonal működtetését és a tarcsafürdői üdülővendégeket szállította a híres láphoz. Sajnos időközben a Tarcsafürdő-Oberschützen vasúti szakaszt felszámolták.

A Heanzen-Egylet, amelyik a felsőlövői Népi Kultúra Háza tulajdonosa, otthont ad a Múzeumi Egyletnek is, amely lehetővé teszi, hogy a helység egész története egy műemlékvédelem alatt álló parasztházban megtekinthető legyen.
A múzeumban régi paraszti eszközök és használati tárgyak gyüjteményei találhatók, valamint Franz Simon-nak, az ismert felsőlövői rajzművész-pedagógusnak a jellegzetes burgenlandi paraszti épületekről készült léptékarányos rajzai láthatók.

Érdemes meglátogatni ezeket a kiállításokat a Népi Kultúra Házában, ahol a Hianzen Egylet központja található.

20 Jahre Museumsverein Oberschützen

von Ludwig Leitner

Einige Eckdaten weisen das ganze Jahr 1999 sehr gut als Gründungsjahr des Museumsvereins Oberschützen aus: Der positive Bescheid der Sicherheitsdirektion des Landes Burgenland trägt das Datum vom 4. Jänner 1999 mit dem Spruch: „Mit der Vereinstätigkeit kann daher begonnen werden." Dem Ansuchen der 8 Kernteammitglieder des Projektes „Nahversorgung ist Lebensqualität" (NIL) vom 2. Dezember 1998 wurde demnach sehr rasch stattgegeben. Es dauerte dann allerdings bis zum 15. November 1999, dass die konstituierende Sitzung stattfinden konnte. Die 1. Vorstandssitzung wurde dann am 16. Dezember 1999 abgehalten. Während des Jahres waren viele Gespräche notwendig, um geeignete Personen für die Vereinstätigkeit zu finden und zu motivieren. An dieser Stelle ist Heinz Hafner besonders zu würdigen, der sich einfühlsam und unermüdlich um diese Gespräche bemühte. Es gebührt ihm besonderer Dank dafür, dass im November das Team für den Vorstand präsentiert werden konnte – mit Barbara Fülöp als erster Obfrau an der Spitze. Parallel dazu wurde im Laufe des Jahres eine umfangreiche Informationsarbeit geleistet. Als Beispiel möchte ich aus der Juniausgabe der Zeitung, die vom Projekt NIL damals an alle Haushalte der Großgemeinde ging, zitieren:

Um Leben und Werk von Gottlieb August Wimmer und Franz Simon entsprechend zu würdigen und für die Zukunft zu erhalten, soll der

Museumsverein Oberschützen
mit folgenden Zielsetzungen gegründet werden:

1. Adaptierung eines geeigneten Objektes im Ortsgebiet und Umgestaltung zu einem Museum.
2. Erhaltung und Unterbringung der „Sammlung Simon".
3. Erstellung und Durchführung eines museumspädagogischen Konzeptes zur Darstellung des sozialen, wirtschaftlichen und kulturellen Lebens am und im Hof mit Hilfe der Sammlung.
4. Aufarbeitung der Geschichte der Großgemeinde Oberschützen.
5. Würdigung der historischen Bedeutung von Gottlieb August Wimmer durch eine entsprechende Präsentation im Museum.

Inbetriebnahme eines selbst gebauten Lehmofens für das römisches Eisenschmelz-Fest bei der Jubiläumsfeier des Museumsvereins

Rückblickend können alle angeführten Punkte im Wesentlichen als erfüllt angesehen werden. Ein Glücksfall war dabei sicher, dass die „Sammlung *Simon*" wieder an ihren ursprünglichen Ort, in das von Franz Simon 1970 gegründete „Heimathaus" zurückkehren konnte. Das sich in Privatbesitz befindende Objekt konnte vom Hianzenverein erworben und mit großzügiger Förderung aus EU-Mitteln so ausgestaltet werden, dass eine Symbiose aus Museum, Veranstaltungs- und Büroräumen ermöglicht wurde. Was den Museumsverein betrifft, ist die Vielzahl der seither realisierten Projekte in den Ausgaben der *Oberschützer Museumsblätter* ausführlich dokumentiert. Besonders in der Folge 15, der Jubiläumsausgabe zu „20 Jahre Museumsverein", kann man dies nachlesen – authentisch formuliert aus der „Feder" der bisherigen Obfrauen.

Das bringt mich dazu, abschließend eine bemerkenswerte Besonderheit unseres Vereins hervorzuheben: Nach 5-jähriger Aufbauarbeit unter Barbara Fülöp als Obfrau – mit der Eröffnung des Museums am 5. Oktober 2003 als Höhepunkt – folgte im Jahr 2004 Gerlinde Bauer als Nachfolgerin. Unter ihrer fachkundigen Anleitung konnten vor allem die Bewertung und Bewahrung der „Sammlung Simon" sowie erste Archivierungsarbeiten durchgeführt werden. Im Jahr 2013 wurde Edith Schedl als dritte Obfrau in der Geschichte des Museumsvereins gewählt. Ihrer Initiative ist es zu verdanken, dass der Museumsverein Oberschützen 2015 mit dem Museumsgütesiegel ausgezeichnet wurde.

20 Jahre Museumsverein Oberschützen sind also auch ein gelungenes – zukunftsweisendes – Beispiel dafür, wie Frauen ihre Führungsrolle wahrnehmen und Männer zur Mitarbeit motivieren können. Für die Zukunft ist es uns ein wichtiges Anliegen, wieder vermehrt Jüngere für unsere Ziele zu begeistern!

Der Trompeter von Oberwart
oder Da Musigant, der wos sou hoaßt, wia r a ausschaut

Gottfried Boisits

Es is jo bekaunnt, dass während da großn Wirtschoftskrise vüle Auswaunderer inser Laund valoussn und dräint in Amerika oder in Kanada a neichs Le(i)bn au(n) gfaunga hobn. I dazöühl äing hiatz a Gschicht, däi hot talweis ah mit däi Auswaunderer ztuan – u n d mit da Ortschronistin va Ullerschdorf. Däi hot näimlich a Chronik zsaummgstöüllt iwa die Ullerschdorfer Auswaunderer. Und daunn is sie amul mit da „Burgenländischen Gemeinschoft", däis is der Varein, der wos die Kontakte za die Auslaundsburgenländer aufrecht erholt, dou is sie mit umigflougn af Kanada.

In Toronto is' gwe(i)n, wou sie ne(i)bn vüle aundari ah sou an ehemolign Ullerschdorfer Auswaunderer trouffn hot. Däi Auswaunderer glaubn jo olli, dass in da oldn Huamat die Zeit ste(i)hn bliebn is. Und däi zwoa interholdn si iwa die friachan Zeidn. Frougt er: „Heast, wia gehts da däin Musigantn, der wos immer sou lusti gwe(i)n is? Hiatz follt ma sei(n) Nauma nit ei(n), owa der hoaßt sou, wia r a ausschaut". „Ah, du mua(n)st an Fassl Koarl. Jo, der is wuhl a Moustfassl gwe(i)n, owa der le(i)bt jo mehr niamma. Lusti woar a frali, dou host recht. Kau(nn)st di nau erinnern, wia r a mit seini Aungabuam iwaroll aufgspült hot? Ua(n)mul, nouch sou a Spülerei ban Stroubl-Wirt, is' recht spot gwoatn, und da Koarl is af da Pritschn in da Kuchl ei(n)gschloufn. Däis is owa die Schloufstott va da Oma gwe(i)n. Na, däi hot dou nix ke(i)nnt und hot si zan Koarl zuigle(i)gt. Seini Kumpl hobn iahm owa vorher nau sou he(i)tzholwa as Housntürl zuignaht. Wia er däis nächstn To(g) in da Friah bemerkt, wüll a wissn, wer däis gmocht hot. Na hot n die Oma aufklärt, dass s i e däis gwe(i)n is, wal sie hot si de(i)nkt „sicher is sicher".

Owa, wenn a ah scha gstorbn is, da Koarl Fassl, es gibt n nau weidahin. Wal a bekaunnter Büldhauer aus Ullerschdorf hot n vaewigt, leibhofti wia r a gwe(i)n is mit seiner Waumpn und sein Spitzbuimgsicht. Und sou huckt a hiatz wia r a kamoutter Kumpl und mit seiner Trumpettn intern Oarm afm Bangl vorn Rothaus in Ouwawoat. Ma mua(n)t es is a iwanachtiger Nochtwochter, der uan dou vaschmitzt entge(i)gnlocht. Jeder, der vabeigeht, tat n am liabstn au(n)re(i)dn oder si za r an Plauscherl dazuise(i)tzn. Da Gre(i)nzwochter dane(i)bn, der aus n Stodtwoppn, der kunnt vöülli neidi ween, wal däin schaut kuana r au(n). Guit, der is ah „im Dienst", muiss a jo afs Rothaus aufpassn. Owa inser Musigant, däin hobns

dou higse(i)tzt sou quasi ois Aufputz, wia s as Rothaus neich hergricht hobn ghobt. Und durt wird a wuhl ah hucka bleibn, wal gsiagst as eh, bis hiatz hot a nur Freunde, da Trompeter va Ouwawoat.

Dabei is a goa(r) kua(n) Ouwawoada. A Musigant aus n Stremtol is a gwe(i) n, a guida und bekaunnter Musigant. Seinerzeit hot er s iwa die Mülitärmusi goa(r) bis za die „Deutschmeister" broucht, bevor a oft mit seini „Aungerbuam" uani va die beliebtesten Musikapölln ghobt hot. Owa ah in da Woat is a kua(n) Unbekaunnter gwe(i)n: An Wouchnmoa(r)kt ouhni iahm hots nit ge(i)bn.

Und dafir sog i ua(n)s: Da Koarl Fassl is a boudnständiger Typ gwe(i)n, a sympathisches Original holt. Und sou uana därf nit vage(i)ssn ween. Doarum is' guit, dass da Koarl Fassl hiatz de(i)nnast nau a Ouwawoada gwoa(r)tn is, a echter, und nit nur a Aufputz. Wal dou vor n Rothaus ge(i)hn vüle Me(i)nschn ba iahm vabei, olli schaun an au(n) und san glei af Du mit iahm. Sou loußt er die meisten allua(n) scha durch sei(n) Aunwesenheit we(i)nigstns fir a poa(r) Momente iahnen Stress und iahna Hektik vage(i)ssn. Söülche Denkmäler brauchatn ma mehrere!

Die Geschichte entstand nach einer Idee von Heinz Grünauer aus Drumling. Anekdoten und Hintergrundinformationen lieferten: Hannelore Stimpfl und Kurt Pfleger, beide Ollersdorf.

Tierhaltung am Bauernhof

von Peter Sattler

Vor 100 Jahren gab es praktisch in jedem burgenländischen Haus Nutztiere. Rinder, Schweine, Hühner, Gänse, Enten, Truthühner, Tauben, Hasen, Meerschweinchen, Hunde und Katzen. Etwas größere Bauern hatten Pferde dazu. Manche hatten Bienen. Esel, Schafe und Ziegen waren aufgrund der intensiven Felderbewirtschaftung seltener.

Zusammen waren es gezählte 15 Arten. Begleitend dazu gab es weniger nützliche Mäuse und Ratten. Der „Geier", die Leute meinten den Habicht, Iltisse, Marder und Füchse kamen auf Besuch und fanden gedeckte Tische vor, an denen sie sich reichlich bedienten. Eier und Geflügel bedurften besonderen Schutzes. Die Ställe mussten vor Räubern sicher sein.

Man lebte in Symbiose mit dem Vieh, auf das man sorgfältig achtete. Es wurde mit Grünschnitt, Heu, Stroh, Wurzel- und Getreidevorräten versorgt. Die Tiere lieferten Milch, Honig, Fleisch, Schmalz, Wolle und Federn. Man hatte alles am Hof. Gekauft werden mussten nur Salz, Zucker, Kleidung, Schuhwerk und Werkzeug. Ging es den Tieren gut, ging es allen gut. Viehkrankheiten bedeuteten wirtschaftliche Rückschläge. Der ganze Tagesablauf galt somit dem Vieh, das in der Urproduktion stand.

Pferde

Größere Bauern konnten sich auch Pferde leisten. Diese Tiere stellten höhere Ansprüche an Haltung und Pflege, sodass ein rüstiger Altbauer oder ein Mitarbeiter, damals Knecht, dafür da sein musste. Auch ein eigener Stall war notwendig. Als Stolz eines Fuhrwerkers galt der Besitz eines Paares kräftiger Noriker. Schwarz oder Braun. Ein aufwendiges, vom örtlichen Sattler hergestelltes Geschirr und ein verstärkter Wagen waren notwendig, um die Kraft der Pferde richtig einzusetzen. Zaumzeug und Riemen dienten zur Steuerung, die Peitsche wurde kaum eingesetzt und musste höchstens gezeigt werden, um die Fahrt zu beschleunigen. Das Sausen der Peitschenschnur durch die Luft war das Höchste. Noriker waren zwar ruhig, doch konnten sie auch ein gewisses Feuer entfachen, das vom Fuhrmann zu kontrollieren war.

Feinfühlig zogen sie den Pflug, die Erntewägen, aber auch die Holzstämme im unwegsamen Gelände. Beim Pflügen und Eggen waren sie ausdauernd und es schien so, als würden sie dankbar sein, wenn sie zur Arbeit aus dem Stall kamen. Bewegung machte ihnen Freude. Für schwere Arbeiten gab es Sonderrationen an Hafer. Mit dem Kaless auszufahren bereitete Vergnügen und herrlich gestalteten sich die winterlichen Schlittenfahrten, die von aufmunterndem Glockengeläut begleitet wurden. Sie bereiteten Landschaftsgenuss und unbezahlbares Vergnügen. Wer sich den Luxus eines Pferdefuhrwerkes leistete, musste ein Liebhaber sein. Ständiger Kontakt mit den Tieren, Huf- und Deckenpflege waren notwendig. Mehrmalige Heuverabreichung am Tage stärkten die Verständigung zwischen Fahrer und Zugtier. Sogar in der Nacht, die die Tiere meist stehend verbrachten, wurde das Stampfen, Schnauben und klatschende „Seichen" als Zeichen von Beunruhigung oder „Rossigkeit" bis ins Schlafzimmer des Bauern wahrgenommen. In geschlossenen Siedlungen waren leider keine Koppeln verfügbar.

Die Steppentiere brauchten nur grobes Heu. Frischer Klee und zu viel Hafer verursachten Beschwerden wie „Hufrehe" oder Verdauungskoliken. Allzu lästig war die Sommerräude. Jucken und Kratzen wurde dabei zur Plage.

War das Jahr gut, wurden auch Fohlen nachgezüchtet. Diese hängte man nicht gleich an die Krippe, sondern sie durften mit dem Muttertier in einem Stallabteil frei laufen. Bei der Ausfahrt, es gab ja keinen Autoverkehr, liefen sie neben dem Gespann mit.

Zur Hufpflege ging man zum Dorfschmied. Der bevorzugte die Pferdekundschaft, denn das Aufhalten des Hufes, das Aufbrennen und Annageln der Eisen machte nervös und sollte schnell vorbei sein. Geruch nach verbranntem Horn verbreitete sich.

Frisch beschlagen ging es dann wieder heimwärts. Mit klingendem Hufgeklapper, manchmal auch im Ritt. Die Pferde konnten sich gut im Dorf und auf den Feldern orientieren. Sie wussten in der Furche zu gehen oder den Reihen von Kulturen entlang, um Kulturpflanzen zu pflegen. Nach Hause fanden sie immer. Gewohnheitsmäßig legten sie eine Gasthausstation ein, bei der es ein Stück Brot gab, während der Bauer ein Krügerl konsumierte. Ein Pferdegespann vor dem Wirtshaus konnte jeder Dörfler seinem Besitzer zuordnen. Gesteuert wurde mit langen Riemen und Zaumzeug. „Jüah" und „öhaa" (auch „brrr"), und „hih" und „hot" für links und rechts.

Gänse

Gänse gehörten auf den Hof. Der Federn, des Fleisches und des Schmalzes wegen. Sie zu halten war mühsam, weil sie für viele grüne Ausscheidungen sorgten. Wichtig war ein großer Garten. Durch viele burgenländische Dörfer oder zumindest nahe vorbei floss aber ein offener Bach, der der Tagestreff des Wassergeflügels war. Eine Hausgans ging daher morgens mit ihrem Gänserich ans Wasser, weidete auf den Wiesenflächen im Überschwemmungsgebiet und kam abends nach Hause, um auf dem geschützten Hof in einem geeigneten Winkel zu nächtigen.

Ende Feber begann sie zu legen. Sie baute sich ein geeignetes Nest in ihrem Stall. Jeden zweiten Tag ein Ei. Zur Befruchtung vergnügte sie sich mit dem Gänserich

im Dorfbach. Wildgänse sind einehig, aber eine ledige Dorfgans durfte durchaus mit dem Gänserich aus der Nachbarschaft ein Verhältnis haben. So sparte man auf manchem Hof einen Gänserich ein. Die Eier wurden, weil wertvoll, abgenommen, in ein hafergefülltes Körbchen gelegt und aufbewahrt. Ende März polsterte die Gans ihr Nest mit Daunen aus und blieb zum Brüten sitzen. Dazu gab es dann die Eier, die vor Raubzeug geschützt waren, wieder zurück. 11 Eier sind optimal, und viel Ruhe.

Jeden zweiten Tag verlässt die Brütende das Nest um zu baden. Davor deckt sie die Eier mit Daunen ab. Sie sollen nur langsam abkühlen. Nahrung wird nur wenig aufgenommen. Nach 31 Tagen schlüpfen die Gössel. Der Vorgang wurde als „nicken" bezeichnet. Die Eltern sind dann sehr besorgt und zeigen jedem Feind durch lautes Zischen und Flügelschlagen ihre Verteidigungsbereitschaft.

Es war immer ein herrlicher Anblick, wenn die Altgans mit den Jungen das erste Mal den Hof verließ, um zu weiden. In wenigen Monaten waren die Junggänse ausgewachsen. Sie wurden im Oktober vom Schock getrennt, gemästet und „geschoppt". Eine qualvolle Angelegenheit. Eingefetteter und aufgequollener Mais wurde bei zwangsgeöffnetem Schnabel in die Speiseröhre gestopft, täglich zweimal bis zur gänzlichen Fülle. Die Gänse verließen den Hof nicht mehr lebend und sahen nur durch die Gitterstäbe ihres Käfigs in den Hof. Am Martinstag sollten sie geschlachtet sein. Sie wurden trocken gerupft, ihre Körper nass nachgeputzt, geöffnet und von den Innereien befreit. Die entstandene, eigentlich krankhafte Fettleber war der begehrteste Teil. Ganslschmalz wurde aufs Brot geschmiert. Die Federn kamen in einen Sack und im Dezember auf den Tisch, zum Schleißen. Die Kiele wurden von den Daunen händisch entfernt. Das war eine unterhaltsame, leichte Tätigkeit, weil man ausreichend Zeit hatte, sich gegenseitig Geschichten zu erzählen. Husten und Nießen war nicht erlaubt, weil sonst gut verrichtete Arbeit vom Tisch geblasen wurde. Mit einer Daunen gefüllten Tuchent überstand man kalte Winter in ungeheizten Schlafzimmern durchaus mit Wohlbefinden.

Enten

Enten sind ein Wassergeflügel, das einen großen Freiheitsdrang hat. Wurden sie an den Bach gelassen, so kamen sie recht ungern wieder zurück in den Stall. Stockenten, weiße und naturfarbene Pekingenten, waren soweit domestiziert, dass Zucht und Mast ebenfalls möglich war. Von Vorteil war es, wenn es in der Nähe ein

Wasser gab, wenigstens eine Lacke, oder einen Bach. Um die Enten musste man sich dennoch viel kümmern, besonders wenn es darum ging, sie nächtens im Stall zu schützen. Auch hielten sie ihre Legeplätze gerne geheim und ließen sich nicht gerne kontrollieren. Aber manchmal kam es vor, dass eine vermisste Ente nach einer Brutzeit von 4 Wochen mit einer Schar Kleinen auftauchte. Das war natürlich eine Freude.

Tauben
Tauben hielt man schon seit dem Altertum. Man denke an die Festung Masada am Toten Meer, wo sie sogar die belagerten Bewohner eine Zeit lang ernähren konnten. Wo Tauben sind, fliegen Tauben zu, heißt es. Tauben leben in Kolonien, und hat ein Bauernhof eine solche, gelingt es dem Nachbarn kaum, eine neue zu bilden. Ein Taubenvolk zu gründen ging so, dass man ein junges Paar einige Tage bei Futter, Wasser und mit Aussicht in den Kobel sperrte und nach der Gewöhnungsphase den Eingang wieder frei machte. Mit etwas Glück blieb das Taubenpaar. Ein Taubenkobel war freistehend oder in einer Reihe unter dem Dachvorsprung angebracht. Die frei fliegenden Vögel verbrachten darin die Nacht und bauten ihre Brutnester hinein. Tauben dienten der Meditation und dem Feinschmeckertum. Schön war es, sie auf dem Dachfirst bei der Balz oder beim „Ganten" zu beobachten. Sie zogen jeweils ein Paar Junge auf, die wiederum als Paar weiterlebten. Waren es zu viele, wurden sie „abgenommen". Das ging so, dass man ihnen gegen Abend das Flugloch verschloss (Vorhalten einer Garbe mit einer langen Stielgabel) und den Kobel von hinten räumte. Das zarteste Fleisch lieferten sie knapp vor dem Abfliegen.

Kaninchen
Nicht jeder Hof hielt sich Hasen, wie man die Kaninchen nannte. Es war zusätzlich ein Stall zu bauen, gesondert zu füttern und auszumisten. Frisches Futter und saubere Ställe waren wichtig, damit die freundlichen Tiere nicht krank wurden. Dann war alles einfach. Eine „Zauk", so nannte man die weibliche Form, wurde für kurze Zeit zu einem „Brock" gesperrt. Der Deckungsvorgang dauerte nur kurz und war meist erfolgreich. Vier Wochen Tragzeit bescherten 6 – 8 nackte, blinde Junge, die in ein haargepolstertes Nest in der Stallecke gesetzt wurden. Die durfte man nicht berühren, weil die Alte sonst nicht mehr an das Nest heranging. Erst wenn sie nach 14 Tagen aus dem Nest hervorkrochen, durfte man sie angreifen. Besonders den Kindern bereiteten die kleinen Schnupperer größte Freude. Auf besondere Rassen wurde kein Wert gelegt. „Riesenscheck" und „Belgische" sind noch in der Erinnerung. Als Futter gab es Heu, Hafer, Rüben, Äpfel, Klee, Gras, Salat und Brotreste. Oft wurde begleitend ein Meerschweinchen gehalten, das den Hasen die Krankheit „ausziehen" sollte.

Hund und Katz & Co

Hunde und Katzen waren durchaus Nutztiere und hatten ihre Aufgaben zu erfüllen. Keinesfalls durften sie in den Schlafzimmern übernachten. Gerade in der Nacht sollte der Hund, ganz gleich welche Rasse oder Mischung, den Hof bewachen, Fuchs und Räuber abwehren und Vorkommnisse durch lautes Bellen anzeigen. Die Aufgabe der Katze war es, Mäuse und Ratten zu fangen. Sie wurde mit dem Futter nicht verwöhnt und kriegte, so wie der Hund, nur Reste von der Mittagsküche ab. In der Ecke des Kuhstalles stand meist eine Schüssel, in die der Bauer nach dem Melken etwas Milch spendete.

Die Nachkommenschaft von Hund und Katz war nicht erwünscht. Sie entstand bei freier Partnerwahl im Dorf. Wenn kein Aufnahmeplatz bekannt war, wurden die Jungen meist nach der Geburt erschlagen. Katzenjunge, die schon größer gewachsen vom Dachboden kamen, wurden erschossen, damit sie sich nicht weiter vermehrten und das Getreide und das Heu verunreinigten. Nachwuchs wurde laufend produziert.

Truthühner, Bienen, Esel, Schafe und Ziegen erforderten zur Haltung echte Spezialisten, die es auf herkömmlichen Bauernhöfen selten gab.

Der 1. Teil dieses umfangreichen Artikels wurde im Hianznbiachl 2019 veröffentlicht.

Schmankerln
aus der Geschichte unseres Landes

19. Folge

Seit dem Jahre 2001 schreibe ich nun schon jedes Jahr fünf Schmankerln für unser „Hianznbiachl". Jetzt sind die Hundert voll. Ich hätte nie gedacht, dass so viele in meiner Erinnerung geblieben sind. Ich habe sie alle sehr gerne niedergeschrieben. Das erste der vorliegenden Schmankerln habe ich meiner Großmutter gewidmet. Sie war eine einfache, fleißige Frau und musste, so wie meine Mutter, leidvoll erleben, wie schwierig ein Leben mit einer getrennten Familie ist. Im Kindesalter hat sie mir viel über Amerika erzählt, was einen bleibenden Eindruck bei mir hinterlassen hat.

In meiner Familie gab es vier Muttersprachen: Kroatisch (Vater), Deutsch (Mutter), Ungarisch (Ehefrau) und Englisch (Verwandte in Amerika). Dem entsprechend sagte ich zu Vaters Eltern Dida und Baba, zu Mutters Eltern Großpap und Großmam. Meine Onkel hießen Pista und Miska im Burgenland, Frank und John in Amerika. Da meine Großeltern Rückwanderer aus Amerika waren, ist pap und mam (mom) vom Englischen abgeleitet.

Meine Großmutter ist viermal nach Amerika gefahren, das letzte Mal 1949, da schon mit dem Flugzeug und ohne Begleitung. Das war gar nicht so einfach. Vier Jahre nach dem Krieg gab es noch keine direkte Flugverbindung nach Amerika. Es war eine lange Reise mit Zwischenlandungen.

Meine Großmutter war Analphabetin und konnte nicht einmal ihren Namen schreiben. Da sie aber ihren Antrag auf Visum unterzeichnen musste, hat mein Vater sie ihren Namen bildlich schreiben gelehrt. Etwa: „Zerscht auffi, dann owi, daunn a schiefa Strich und a kluana Kroas." Sie tat sich schwer, weil sie den langen Namen „Katharina" hatte. Nach der Unterzeichnung des Dokumentes hat sie alles gleich wieder vergessen.

In Amerika hat sie abwechselnd bei ihren vier Kindern gewohnt. Bei ihrer Rückkehr 1953 schilderte sie, wie vieles in Amerika anders geworden war. So erzählte sie meiner Mutter:
„Da Frankie und die Juli san schaffn gaoungan und i han dahuam die zwoa Kinda gwatscht."

Meine Mutter: „Olli zwoa?"
Sie: „Schur! Af d Nocht hobm ma olli televischn gwatscht."
Meine Mutter verstand nur „Tölla wischn."
Das Fernsehen war 1953 in Österreich ja noch nicht angekommen.

Wenn ich meine Großmutter nach ihrem Alter fragte und sie 72 antwortete, dann war sie meist schon 73. Und bis sie sich die neue Zahl merkte, war sie schon 74. Da habe ich sie einfach vorrücken lassen wie bei einem „Bieenium": Zwei Jahre lang war sie 74, dann zwei Jahre 76 usw.

Am 17. September 1965 ist sie dann gestorben. Auf den Tag genau 20 Jahre nach ihrem Mann, der am 17. September 1945 den Spätfolgen seiner Arbeit in Amerika erlegen ist. Er hatte nämlich 21 Jahre lang ohne Atemschutz mit einer Handschaufel Zement in Säcke geleert.

***

Früher gab es viele arme Leute, die nicht einmal genug zu Essen hatten. Die Frauen gingen von Haus zu Haus und haben Schwämme, Erdbeeren und alles, was sie im Wald gefunden hatten, zum Kauf angeboten. Meist führte die arme Frau an der einen Hand ein Kind und in der anderen trug sie eine leere Milchkanne.

Meine Tante in Sulz war sehr hilfsbereit und gastfreundlich. Einmal erzählte sie mir:
„Wann die Oarman keimman, greif i in Schiatznsäickl und gib iahna as kluani Göld.
I waoß nit, wia deis is. Sou ouft i ainigreif, is imma a Göld drinnan."

Wer gerne gibt, der hat auch immer etwas zu geben!

***

Er war ein einfacher Bauer in den Eisenhüttler Bergen, wohnte also in der Einschicht. Er war wenig gebildet, aber nicht dumm, war fröhlich, aber hieß Ernst. Für uns war er der „alte Ernst".

Da kam er einmal zu uns ins Haus und hatte eine Brille aufgesetzt. Die aber war ganz ohne Gläser. Meine Mutter meinte: „Sie haben ja keine Gläser drin, nur das Gstöll." Darauf er: „Besser wia nix."

Eines Tages, es muss 1951/52 gewesen sein, wurde er als Zeuge nach Wien zu einer Gerichtsverhandlung vorgeladen. Im Wald waren einige Christbäume gestohlen worden und zum Abtransport vorbereitet gewesen. Da der vermeintliche Täter ein Jugendlicher war, fand die Verhandlung im Jugendgericht statt.

Der alte Ernst war davor wahrscheinlich noch nie in Wien. Ich habe damals in Wien studiert und wurde gebeten, mich um ihn zu kümmern. So habe ich auch der Verhandlung beigewohnt. Was der alte Ernst dort aufgeführt hat, kann man mit Worten nicht beschreiben, das muss man szenisch darstellen. Es war ein Kabarettstück. Ich habe mich anfangs für ihn geniert, aber zu guter Letzt musste ich schmunzeln und alle anderen mit mir.

Danach war es auch an mir, zu schauen, wie er nach Hause fand. Bei der Oper stiegen wir in die Straßenbahn ein. Es war eine alte Garnitur mit zwei gegenüberliegenden Bankreihen und der Waggon ziemlich voll. Besonders aufgefallen ist eine elegante Dame, die einen Hut und ein Pelzcape trug. Der Platz neben ihr war leer und Ernst setzte sich zu ihr. Ich bin stehen geblieben. Ernst kam der Dame immer näher, schaute ihr tief in die Augen, kam ihr mit dem Zeigefinger ziemlich nahe und sagte dann zu mir: „Deis is a Feini!"

Früher hatten die Leute, bevor sie ein Gespräch begannen, den anderen mit den Ellbogen leicht angestoßen. Offensichtlich brauchte man den Körperkontakt. Das tat auch der alte Ernst und fragte die Dame: „San S va dou?" Sie: „Ja." Er kam noch näher und fragte: „Dann müssen Sie ja meine Tochter kennen. Maria Walguni heißt sie. Mia sogn Mitzl za sai. Sie oarwat am Moarhouf in da Kuchl." (Maria diente auf einem Gutshof in der Nähe von Wien, wo burgenländische Saisonarbeiter beschäftigt waren). Die Dame darauf: „Nein." Dann fragte er nochmals und eindringlicher. Wieder sagte sie: „Nein", stand auf und ging auf die Plattform. Er sah ihr nach und sagte im Brustton der Überzeugung zu mir: „Dei is nit va dou!"

Jetzt musste ich ihn auch noch zum Südbahnhof bringen. Endlich haben wir den richtigen Zug und einen leeren Platz gefunden. Ich fragte ihn: „Herr Ernst, kennen Sie die Uhr?"
Er: „Frali!" Dann ich: „Passn S auf! Wann s holwa Seichsi is, daunn steign S aus! Dann is Bierbaum." So war es auch. Nach zusätzlichen zwei Stunden Fußmarsch von Bierbaum über den Berg, kam er tatsächlich gut nach Hause.

***

Mein Cousin Franz Dujmovits, Jahrgang 1923, diente als Soldat in der Deutschen

Wehrmacht. Nach dem Fall von Stalingrad 1943 begann der Rückzug auf die Krim, wo er in sowjetische Kriegsgefangenschaft geriet und in ein Lager in den Kaukasus gebracht wurde.

Seine Enkeltochter Julia ist eine ausgezeichnete Sportlerin und in der Disziplin Snowboard besonders erfolgreich. Bei den Winterspielen in Sotschi 2014 wurde sie darin bekanntlich Olympiasiegerin.

Eine berührende Überschneidung der Tatsachen: Sotschi liegt nicht weit entfernt von jenem Ort, wo ihr Großvater im Kriegsgefangenenlager interniert war. Mörderischer Krieg – friedlicher Wettstreit stehen da einander konträr gegenüber!

***

Ich lebte 1956 in Amerika und wohnte bei meinem Onkel in New York. Schräg gegenüber von seinem Haus lebte Agnes, eine alleinstehende Frau, die, so wie mein Onkel, aus Gerersdorf ausgewandert war. Sie lebte für amerikanische Verhältnisse sehr einfach, aber besser als daheim.

Während meines Aufenthaltes in New York ist sie auf Besuch nach Gerersdorf heimgefahren. Ich habe sie gebeten, meine Eltern in Eisenhüttl zu besuchen, ihnen mitzuteilen, dass es mir gut ging und ihnen ein paar Dollar auszufolgen, die ich mittlerweile in Amerika erworben hatte.

Nach ihrer Rückkehr besuchte Agnes uns dann. Sie tat so, als hätte sie daheim einen Kulturschock erlitten und erzählte: „Martin, die Lait dahuam san sou oarm. I woa ban Haircutter (Friseur) in Kukmirn und hob ma d Hoar auffixn loussn. But dei hout kuan hose (Schlauch) ghobt." (Er hatte keine Wasserleitung und musste mit einem Krug Wasser die Haare abschwemmen.) „Oh, my god. Kimmt a mit an Krui und hout ma as Wossa afn Kopf gschitt. Deis woar a desaster!"

Mein Onkel konnte es nicht leiden, wenn jemand so redete. Ich sah, wie er rot anlief, und zornig schimpfte er dann: „Du narrischa Holnoar! Wia ma Kiah gholdn hobm dahuam, spoud in Hirbst, houst du kuani Schuih ghobt und houst scha passt, bis die Kuih an Schwoaf aufheibt und hiprackt. Daunn bist ainigstiegn und houst da die koldn Fiaß aougwarmt. Woaßt as nou? Und hiaz wüllst a hose hobm? Tui nit a sou!"

Walter Dujmovits

Fortsetzung folgt

Lostage & Bauernregeln

Lostage im Jahreslauf

Jänner (Hartung, Wintermonat):

1. Jänner: Wenn's um Neujahr Regen gibt, oft um Ostern
   Schnee noch stiebt.
6. Jänner: Die Heiligen drei Könige bauen eine Brücke
   oder brechen im Eis ein.
17. Jänner: Antonius der Einsiedler (der Große),
   „Sautoni" – Abstechheiliger, oft mit Schweinen dargestellt.
20. Jänner: Fabian Sebastian, fängt der rechte Winter an.
22. Jänner: Zu Vinzenzi Sonnenschein, bringt viel Korn und Wein.
25. Jänner: Pauli Bekehr, der halbe Winter hin, der halbe Winter her.

Feber (Hornung, Hornungmonat):

2. Feber: Maria Lichtmess: wenn's zu Lichtmess stürmt und schneit, ist der
   Frühling nicht mehr weit. Ist es aber hell, kommt der Lenz wohl
   nicht so schnell. Kommt am Lichtmesstag der Dachs aus dem
   Bau und sieht seinen eigenen Schatten, so dreht er um und bleibt
   so lange im Bau, wie er schon drinnen war.
3. Feber: Blasius: Blasiussegen
9. Feber: Appolonia: Hilft gegen Zahnweh.
14. Feber: Valentin: Ist's zu Valentin noch weiß, blüht zu Ostern schon das
   Reis.
22. Feber: Petri Stuhlfeier (Gedenken an die Inthronisation Petri als Papst):
   Ist's zu Petri Stuhlfeier kalt, so weicht der Winter nicht so bald.
   St. Petri Stuhl dem Frühling winkt, den Sommer bringt St. Urban,
   der Herbst fängt um Bartholomäi an.
24. Feber: Matthias: Mattheis bricht's Eis, hat er keins, so macht er eins.
24. Feber: Schalttag im Schaltjahr. Schaltjahr – Kaltjahr
25. Feber: Walpurga (evang. Walburga)

März (Lenzing, Lenzmonat):

3. März:	Kunigunde: Ist Kunigunde tränenschwer, bleiben oft die Scheunen leer. Kunigund macht warm von unt.
10. März:	Tag der vierzig Märtyrer: Wie das Wetter am Vierzigmärtyrertag, so bleibt es noch 40 Tag danach.
12. März:	Gregor: Wenn am Gregoritag die Sonne scheint, so geht der Bär aus seinem Loch, um seine Fäustlinge zu flicken.
17. März:	St. Gertrud: Sankt Gertrud die Erde öffnen tut.
17. März:	Patrick: Patron der Iren. Er beschützt Bergleute, Friseure und Schmiede.
19. März:	Joseph: Seppltag. Joseph ist der Patron der Zimmerleute und der gesamten Steiermark. Joseph macht dem Winter ein End. „A schöner Seppltog bringt a guids Joah."
25. März:	Maria Verkündigung: Maria Verkündigung kommen die Schwalben wiederum. Bleiben sie da, ist der Winter nicht nah.

April (Ostermond, Ostermonat):

Palmsonntag:	Palmsonntagsprozession
Karfreitag:	evangelisches Hochfest
Karsamstag:	Auferstehung
6. April:	Cyrill und Method: Slawenmissionare
23. April:	Georg: Nothelfer gegen Fieber. Patron der Soldaten, Schützen und Schmiede. Wenn Georgiregen fehlt, wird man nachher damit gequält.
25. April:	Markus: Evangelist. Patron der Maurer Notare und Schreiber.
30. April:	Walpurgisnacht. Hexentreff auf den Blocksbergen.

Mai (Maimond, Wonnemonat):

1. Mai:	Tag der Arbeit. Philippus und Jacobus
4. Mai:	Florian: Nothelfer gegen Wasser und Feuer. Patron von Oberösterreich. Der Florian noch einen Schneehut setzen kann. Eismänner: Pankratius, Servatius, Bonifatius, Sophie
12. Mai:	Pankratius: kalt
13. Mai:	Servatius: kalt
14. Mai:	Bonifatius: kalt

15. Mai:	Sophie: Wenn die „Sopherl soacht", regnet's 40 Tage.
16. Mai:	Johannes Nepomuk: Brückenheiliger. Patron der Flößer, Müller und Beichtväter
25. Mai:	Urban: Erst wenn der Urberl vom Ofen heruntersteigt, wird es wirklich warm.

Juni (Brachet, Brachmonat):

Chr. Himmelf.:	Wie das Wetter am Christi Himmelfahrtstag, so es auch den ganzen Herbst sein mag.
8. Juni:	St. Medardus (wird lachend dargestellt): Gegen Zahnschmerzen, für trockenes Heuwetter. Wie es wettert am Medardustag, so bleibt's sechs Wochen lang. St. Medardus bringt keinen Frost mehr, der dem Weinstock gefährlich wär. Medardus ist ein nasser, hält so schlecht das Wasser.
Pfingsten:	Nasse Pfingsten, fette Weihnachten.
13. Juni:	Antonius von Padua: Patron der Liebenden und der Eheleute.
Fronleichnam:	Prozessionen
15. Juni:	St. Veit dreht die Blätter auf die Seit.
24. Juni:	Johannistag: Johannes der Täufer. Vor Johanni bitt um Regen, nachher kommt er ungelegen.
27. Juni:	Siebenschläfertag: Regnet's am Siebenschläfertag, so regnet's sieben Wochen lang. Ist er nass, regnet's ohne Unterlass.
29. Juni:	Peter und Paul: Patron der Maurer, Fischer, Schlosser und Schmiede. St. Paulus hell und klar, bringt ein gutes Jahr.

Juli (Heuert, Heumonat):

2. Juli:	Maria Heimsuchung. Regen an Mariä Heimsuchung dauert zehn Tage.
3. Juli:	Thomas: Apostel
11. Juli:	Benedikt: Benedikt von Nursia, Abt auf Montecassino; Vater des Abendländischen Mönchtums.
20. Juli:	Margareta von Antiochien. Nothelferin. Margaretenregen wird erst nach Monatsfrist sich legen.
22. Juli:	Maria Magdalena: Patronin der Friseure und Weinhändler. Magdalena weint um ihren Herrn, es regnet an diesem Tage gern.

25. Juli:	Jakob: Apostel und Märtyrer: Patron von Spanien und Portugal. Jakob ohne Regen bringt einen strengen Winter, drei Tage vorher Regen bringt eine schlechte Kornernte.
26. Juli:	Zu Anna und Jakobi kann es grobe Gewitter geben. Mit St. Anna gehen die kühlen Nächte und Morgen an.
29. Juli:	Martha

August (Ernting, Ernte-, Ähren-, Sichlmonat):

1. August:	Petri Kettenfeier (nach orthodoxer Überlieferung wurden die Ketten, mit denen Petrus gefesselt wurde, nach Konstantinopel - heute Istanbul - gebracht und dort in der Petrus Kirche aufbewahrt. Die Ketten erhielten die Gnade, jeden zu segnen, der sie verehrt, und jedem die Ketten von üblem Schicksal zu sprengen): Ist's Petrus bis Laurentius (10. August) heiß, so bleibt der Winter lange weiß. Zu Petri Kettenfeier ziehen die ersten Störche fort.
2. August:	Portiuncula: Termin für den Rübenanbau. Wer später sät, kriegt kleine Pozunkerlruim.
10. August:	Laurentius: Schutzpatron der Studenten und Schüler. An Laurenzi ist es Brauch, hört das Holz zum Wachsen auf.
15. August:	Maria Himmelfahrt: Großer Frauentag. An Maria Himmelfahrt, das wisse, gibt's die ersten Nüsse. Klarer Sonnenschein, bringt meistens viel und guten Wein.
20. August:	Bernhard
24. August:	Bartholomäus: Der Bartlmai fliegt an diesem Tage über die Flüsse und Seen und scheißt jedem, der sich noch zum Baden im Wasser befindet, eine Haube auf den Kopf. Die Störche beginnen mit der Abreise.
28. August:	Augustinus

September (Scheiding, Herbstmonat):

| 1. September: | Ägidius: Roggenaussaat. Gib auf Ägiditag wohl acht, er sagt dir, was der Monat macht. |
| 8. September: | Maria Geburt: Kleiner Frauentag. An Maria Geburt fliegen die Schwalben furt. Bleiben sie da, ist der Winter nicht nah. Wie sich's Wetter an Maria Geburt tut verhalten, so soll sich's weiter vier Wochen noch gestalten. |

12. September:	Maria Namen
16. September:	Ludmilla: St. Ludmilla das fromme Kind bringt Regen gern und Wind.
17. September:	Hildegard von Bingen
20. September:	Eustachius
21. September:	Matthäus: Apostel und Evangelist
29. September:	Michael: Zu Michaeli wurde die Pacht entrichtet. Der Bauer lädt seine Leute zum Essen ein. Kommt St. Michael mit Regen, kann man im Winter den Pelz anlegen. Kommt der Michel heiter und schön, wird es noch vier Wochen so gehn.

Oktober (Gilbhart, Weinmonat):

1. Oktober:	Theresia von Lisieux: Die kleine heilige Theresia. Patronin für die Weltmission: „Ich werde vom Himmel her Rosen regnen lassen."
7. Oktober:	Rosenkranzfest
12. Oktober:	Theresia von Avila
16. Oktober:	Trocken am Sankt-Gallus-Tag verkündigt einen trockenen Winter.
18. Oktober:	Lukas: Evangelist. Patron der Fleischer, Ärzte, Künstler, Buchbinder. St. Lukas Evangelist, bringt Spätroggen ohne Mist.
21. Oktober:	Wie der Sankt-Ursula-Tag anfängt, soll der Winter beschaffen sein.
31. Oktober:	Reformationstag

November (Nebelung, Windemonat):

1. November:	Allerheiligen: Gedenken an alle Heiligen. Erster Reif tritt auf.
2. November:	Allerseelen: Fürbitten für die armen Seelen im Fegefeuer.
3. November:	Hubertus
5. November:	Emmerich
11. November:	Martin: Burgenländischer Landespatron, Patron der Reiter, Soldaten und Waffenschmiede. Martinsritte. Ist St. Martins Gans am Brustbein braun, wird man mehr Schnee als Kälte schaun. Ist sie weiß, kommt mehr Schnee als Eis. Sankt Martin setzt sich schon mit Dank auf die warme Ofenbank. Wolken über Martinitag, der Winter unbeständig werden mag.
15. November:	Leopold: Der hl. Leopold ist dem Altweibersommer hold.

19. November:	Elisabeth: Bäcker, Bettler, Waisen, unschuldig Verfolgte rufen sie an. St. Elisabeth zeigt an, was der Winter für ein Mann.
22. November:	Cäcilia: Patronin der Kirchenmusik
25. November:	Katharina von Alexandrien: Kathrein packt die Geign ein.
30. November:	Andreas: Andreasschnee tut den Saaten weh.

Dezember (Julmond, Christmonat):

4. Dezember:	Barbara: Barbarazweige werden geschnitten.
5. Dezember:	Krampustag
6. Dezember:	Nikolaus: Patron der Seeleute, Fleischer, Weber, Schüler. Angerufen von den Gefangenen, gegen Diebstahl und für eine glückliche Heimreise.
8. Dezember:	Maria Empfängnis
13. Dezember:	Lucia von Syracus: Luzeltag
19. Dezember:	Benjamin
24. Dezember:	Wie die Witterung zu Adam und Eva, pflegt sie bis Monatsende zu sein.
24. - 26. Dez.:	Weihnachten: Ist's windig in den Weihnachtstagen, sollen die Bäume viele Früchte tragen.
27. Dezember:	Johannes: Evangelist
28. Dezember:	Unschuldige Kinder: Haben's die unschuldigen Kinder kalt, weicht der Frost noch nicht so bald.
29. Dezember:	David: Patron der Sänger und Musiker
31. Dezember:	Silvester

Bauernregeln im Jahreslauf

Der Jänner muss krachen, soll der Frühling lachen.

Februar mit Sonnenschein und Vogelsang macht dem Bauern Angst und Bang.

Märzenschnee und Jungfernpracht dauern oft kaum über Nacht.

Wenn der April Spektakel macht, gibt's Heu und Korn in voller Pracht.

Gewitter im Mai, singt der Bauer „Juchei"!

Was im September soll geraten, das muss bereits im Juni braten.

Einer Reb' und einer Geiß ist's im Juli nie zu heiß.

Wenn's regnet im August, regnet es Honig und guten Most.

Schaffst du im September nichts in den Keller, schaust du im
Winter auf leere Teller.

Oktoberhimmel voller Sterne haben warme Öfen gerne.

Baumblüte spät im Jahr, nie ein gutes Zeichen war (November).

Je tiefer der Schnee, umso höher der Klee (Dezember).

Glossar Faltkalender 2020 – Brauchtum im Jahreslauf

1. Jänner: Haid muisst a Schweinanas eissn! | Neujahrsspruch: „Die Sau wiahlt fiari – as Hiahnl krozt zruck!" Die Sau wühlt nach vorne, also in die Zukunft, wobei das Hendl nach hinten kratzt, also in die Vergangenheit.

5. Jänner: Af dNocht kimmb die Budlfrau! | Sagengestalt, die die Kinder beschenkt (budeln = schütten). Zuckerl (oft Reste vom Christbaum) wurden in die Stube geworfen, meist von der Taufpatin oder einer Nachbarin, die sich weiß gekleidet hat. Nicht in allen burgenländischen Dörfern bekannt.

6. Jänner: Richt a Kluagöld – die Halign Drei Kini gaih um! | Allseits bekannter Brauch des Dreikönig-Singens und Spendeneinsammelns für soziale Zwecke (Kirche).

2. Feber: Zeid zan Christbam olaan! | Ende des christlichen Weihnachts-Festkreises. Auch Beginn des Arbeitsjahres für das Gesinde. In vielen Familien der Termin, um den Christbaum wegzuräumen. (Üblich dafür ist auch der 6. Jänner.)

20. Feber: Geh mid zan Foasta-Pfingsta-Ball! | Foasta-Pfingsta ist der sogenannte „feiste/fette Donnerstag", Termin auch als „Weiberfastnacht" bekannt. Im Burgenland finden in dieser Zeit oft die „Weiberbälle" statt.

23. Feber: Juchuh, Foschingto(g)! | Faschingssonntag, Rosenmontag (Weiba-Fosching) und Faschingsdienstag gehören zur sogenannten „Faschingstriade". Früher war der Sonntag der wichtigste Faschingstag. Am Samstag davor gabs immer „Musi". Heute ist Faschingsdienstag der wichtigste Faschingstag.

25. Feber: Gemma Umnarrischn! | Faschingsdienstag.

26. Feber: Da Fosching wiad aigrobm. | Aschermittwoch: Ende der Faschingszeit, Anfang der Fastenzeit. Trotzdem wird an diesem Tag oft noch einmal besonders viel und fett (Fisch, Majonnaise …) gegessen – „Heringsschmaus".

1. April: Houst scha uan in Aprül gschickt? | Die Tradition des April-Scherzes – jemandem eine erfundene Geschichte „aufbinden" – gibt es schon sehr lange, Herkunft unklar. Der Gefoppte ist dann der „Aprül-Noar".

5. April: Wer woar da ba eing da Polmeisl? | Als „Palmesel" wird scherzhaft derjenige bezeichnet, der als Letzter am Palmsonntag aufsteht. Lange wurde der Bub, der als letzter beim Palmumzug mit seinem Palmwedel die Kirche betrat, als „Palmesel" bezeichnet. Nicht überall bekannt.

9. April: Kouch a guidi Kraidlsuppm! | Gründonnerstag (kommt von „greinen" = weinen). Üblich war an diesem Tag eine Neun-Kräutersuppe, mit ganz bestimmten frischen Frühlingskräutern.

11. April: As Ostafeia zindts aou! | Traditionelles Osterfeier am Karsamstag („Haligs-Faia" von der Kirche übernommen.) Auch andere Bedeutungen.

12. April: Va da Goudl a rods Oa … | „Rods Oa" = Geschenk (hat nichts mit Ei zu tun!). Die Taufpatin schenkt dem Patenkind etwas am Ostersonntag.

13. April: Gehst a mid Oa scheibm? | Kinderspiel des Eierscheibens zu Ostern: Jedes Kind schmeißt sein (buntes) Ei auf die Wiese. Die kaputten wurden gleich gegessen, Sieger war der, dessen Ei am längsten unversehrt blieb.

30. April: Die Hexn gaih um … | Walpurgisnacht: in der Nacht zum 1. Mai feiern der Sage nach „die Hexen am Blocksberg". Oft verbunden mit Feuerbräuchen u.a.

10. Mai: Brouk a poar Bliamal fia dMuida! | Muttertag. Tag zu Ehren der Mutter, Kinder beschenken ihre Mütter, sagen Gedichte auf. Wird meist im Kindergarten vorbereitet.

31. Mai: Pfingstlucka, steh auf und reck dein Oasch in dHöh auf! | Derjenige, der am längsten am Pfingstsonntag schläft (die größte „Schlafhaube" ist) wird verspottet.

15. August: Fraouto(g) – vagiss nid af an Kraidabuschn! | Am Großfrauentag (Marienfeiertag, Maria Himmelfahrt) wird aus 7, 9 oder 12 bestimmten Kräutern ein „Buschen" gebunden und im „Hergottswinkel" aufgestellt. Waren als Heilkräuter wichtig! Im Winter wurde damit dann in den (zwölf) Rauhnächten (vom 24./25. Dezember bis 5./6. Jänner) geräuchert!

8. September: Kluafraouto(g) – Mariä Gebuad fluign d Schwolwan fuad. | Traditionelles Sommerende – die Schwalben fliegen fort.

15. September: Aus is s midn Bonan! Die Souffal soacht haid in Bo(ch)! | Traditionelles Ende der Badesaison – wurde den Kindern so gesagt!

31. Oktober: Mochst eh a Kiarwismandl? | Tradition des Kürbisschnitzens: die Kinder höhlten den Kürbis aus, schnitzten ein Gesicht und klebten rotes Seidenpapier von innen in die Öffnungen. Er wurde auf Zaunpfosten oder sonst erhöht aufgestellt, mit Kerze darin. (Um die Toten davon abzuhalten. zu kommen und einen mitzunehmen). Immer mehr von Halloween verdrängt (Ursprung im katholischen Irland, dann in Amerika verbreitet).

1. November: Tro(g) die Bugeda af n Friedhouf! | Allerheiligen: An diesem Tag werden die Gräber mit Kerzen und Gestecken (Buketts) geschmückt.

11. November: Za Mitto(g) a broudni Gaouns, af dNocht mid da Lote(r)n intaweigs. | Zu Martini gibt es das traditionelle Martini-Gansl und die Kindergartenkinder feiern das Laternenfest. Zu diesem Termin wurden immer schon die Gänse (vor dem Winter) geschlachtet.

25. November: Kathrai, Kathrai, spiad Geign und Trumml ai! | Ab diesem Tag gabs keine Musik- und Tanzveranstaltungen mehr und auf keinen Fall Hochzeiten.

29. November: A Adventkrounz ghead in a jeds Haus! | Die Tradition des Adventkranzes geht auf das 19. Jahrhundert zurück, als der evangelisch-lutherische Pfarrer Johann Hinrich Wichern Straßenkindern die Wartezeit auf Weihnachten verkürzen wollte. 24 Kerzen wurden auf einem Wagenrad befestigt – als „Kalender" – und täglich eine Kerze angezündet. Später auf 4 Kerzen vermindert und Kranz aus Tannengrün („Grassa") geflochten.

4. Dezember: Vagiss nid, Keaschtnzweigln zan oschneidn! | Am Barbaratag werden Blühzweige abgeschnitten und in eine Vase gestellt. Wenn sie zu Weihnachten blühen, gibt es verschiedene Bedeutungen dazu: es gibt im Folgejahr eine Hochzeit etc. Die Heilige Barbara war auch die Schutzheilige der Bergleute: traditionelle Barbarafeier der Bergleute (großes Fest) in Uniform, danach Ball.

5. Dezember: Woast eh brav? Sist huld di haid da Krampal! | Krampustag.

6. Dezember: Liawa guida Nikolaus, kimmbst du gwiss in insa Haus? | Nikolaustag. An diesen beiden Tagen gehen im Burgenland die Kinder verkleidet als Nikolaus und Krampus von Haus zu Haus, sagen Sprüche auf, verteilen Nüsse und Süßes und bekommen etwas (Geld, Naschereien).

13. Dezember: Am Luzlto(g) moch a Töllasoot mid an Wintawoazn! | Heilige Lucia: Tradition der Tellersaat mit dem „Luciaweizen": Schüssel wird mit Erde gefüllt, Weizenkörner darauf, sowie eine Kerze in der Mitte. Sobald der Weizen aufgeht, kommt ein Band darum. Nach Weihnachten wurden die Reste verfüttert.

21. Dezember: Haliga Thomas, schick mar an Maou! | Die Nacht vom 20. auf den 21. Dezember ist von großer Bedeutung für die Zukunft (sogenannte Thomasnacht), gilt ebenso für die Andreasnacht (vom 29. auf den 30. November). Glaube, dass in diesen Nächten ein Mädchen ihren zukünftigen Liebsten einladen und sehen kann. Spruch: „Bettstattl i tritt di, Bettstattl i bitt di, schick mar an Mauo!"

28. Dezember: Aufkindln, Kindlingto(g), frisch und gsund … | Das Aufkindeln: Brauch, damit man gesund bleibt. Die Kinder schlagen mit dem „Korwatsch" (speziell und kunstvoll geflochtene Rute) die Erwachsenen, dazu gibt es zahlreiche Sprüche. Erwachsene waren erpicht darauf – „tuats eis unbedingt aufkindeln!"

31. Dezember: Oldjoahrsto(g) – rutsch guid ummi und blei schai gsund! | Silvestertag: zahlreiche Orakelbräuche üblich: Blei gießen, Wachs gießen, Schuhe werfen. Zudem durfte nichts Angefangenes liegen bleiben (sonst bringt man im nächsten Jahr nichts weiter).

Anhang

Vorstand des Hianzenvereins

Publikationen des Hianzenvereins

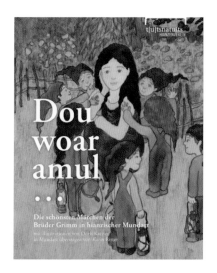

Dou woar amul ...

Die schönsten Märchen der Brüder Grimm in hianzischer Mundart.

Enthält 26 Märchen liebevoll in Mundart übertragen von Karin Ritter und 62 wunderschöne Aquarell-Illustrationen von Doris Karner.

*Preis: € 27. –
(Inklusive Doppel-CD € 39. –)*

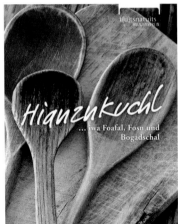

Hianznkuchl
... iwa Foafal, Fosn und Bogadschal.

Rezepte, Gedichte und Geschichten in hianzischer Mundart, ergänzt durch Beiträge zu Geschichte und Sprachgeschichte der traditionellen burgenländischen Küche.

Preis: € 22. –

Erstes Burgenländisches Familiennamen-Buch

Diese Publikation der Burgenländisch-Hianzischen Gesellschaft entstand in Zusammenarbeit mit dem Institut für Österreichische Dialekt- und Namenlexika der Österreichischen Akademie der Wissenschaften. Dieses profunde Werk beinhaltet die Erläuterung und Bedeutung von über 1.360 Namen und enthält zahlreiche österreichweite Verbreitungskarten von typischen Familiennamen.

Preis: € 18. –

Schmankerln aus der Geschichte unseres Landes
... ein Burgenländer erzählt.

Kleine Geschichten zur großen Geschichte wurden hier von Walter Dujmovits zusammengetragen und mit viel Humor, Menschenliebe und Klugheit erzählt.

Preis: € 12. –

Das kleine burgenländische Wörterbuch für Notfälle.

Mit über 4.000 Stichwörtern, die in diesem kleinen Büchlein – zum Einstecken in den „Housnsäickl" – liebevoll zusammengetragen und aufbereitet wurden.

Preis: € 10. –

t[u]tsnatuits
HIANZENVEREIN

Da Säickl-Hianz

Das kleine burgenländische
Wörterbuch für Notfälle

Quirx, as: Problem

quülln / quüln: schreien, brüllen. *Si quüllt scha wieda!* Sie schreit schon wieder!

R

Rädi, da:Rettich

raffn: raufen; gierig raffen, horten

Ranftl / Räftl, as: Saum, Rand; Scherzl. Burgenländisches Volkslied: *Und wann as Liadl gsunga is, oft ghead a Ranftl drauf.*

rägatzn: Streichholz anreiben

Raithaou, d: Krampen, Haue

Raitl, da: Pflugteil zum Umlegen der geackerten Erdscholle

raitln: schaben, scharren; jäten

Bütz / Pütz, da / Bitzl, as: Kerngehäuse (Apfel, Birne; abgenagter Apfel). *Tui an Bütz in Traoungküwl eini!* Wirf das Kerngehäuse in den Kübel mit dem Tierfutter hinein!

Bützal, as: Baby

buüzn / böüzn: Zigaretten rauchen

D / T

Dabaichal, as: langsame, tolpatschige Frau

daboama: Mitleid haben, sich erbarmen

daboat: bewegungsunfähig

tachinian: nichts Sinnvolles tun, arbeitsscheu se

dadritzn: (zufrieden) gackern

daflitzn: anpatzen, anspritzen

dafrön: kälteempfindlich; erfroren

dafruisn: erfrieren

dagahn: schwer atmen. *Ea kaou völli niama dagahn.* Er atmet sehr schwer.

dagfulgn / dagfuign: genug bekommen; beg *Dea dagfulgt ah nid!* Er kann nicht genug bekommen!

W

Wäga / Woga, da: Tabak, Pfeifentabak; Pfeifensud

wachalwön / wachalwoam: angenehm warm

Wachl, da: dummer Mensch, Tölpel

wachln: winken; fächern

Wadal, as: Getreidesensen-Aufsatz

Waijat / Wainad / Waiga / Wänt, da: Weingarten, Weinreben

Wäimingal, as: Obstfliege

Waimpa / Wäiba / Wainbarn, d: Weintrauben

Wäischzwäinga, d: Wäscheklammern, Kluppen

Wäld, d: Wälder

Wampm / Waoumpm, d: Bauch, Wampe

wärad / wärat: wäre. *D Hundsstaia wärad zan zohln!* Die Hundesteuer wäre zu zahlen!

wäran: sich anwärmen; aufwärmen

Wäsal, as: schüchterner, ängstlicher Mensch

Waschl, da: Lappen zum Geschirrabwaschen

waschln: regnen; plantschen. *Hiaz waschlts uarndli!* Jetzt regnet es stark!

lirren
ahmen
: Durcheinander

◇ 187

◇ 235

Bestellungen bitte direkt im Hianzenverein per E-Mail oder über die Website:
hianzen@hianzenverein.at, www.hianzenverein.at

Beitrittserklärung zum Hianzenverein

Ich unterstütze die Zielsetzungen der Burgenländisch-Hianzischen-Gesellschaft und werde Mitglied dieses Vereins. Den Mitgliedsbeitrag von 12,- Euro/Jahr für Erwachsene und für Jugendliche 6,- Euro/Jahr zahle ich per Erlagschein bzw. Überweisung auf das unten angeführte Konto ein. Dazu erhalte ich als Begrüßungsgeschenk das aktuelle Hianznbiachl.

Name: ....

Adresse: ....

....

Geburtsdatum: ....

Telefonnummer: ....

E-Mail: ....

Datum: .... Unterschrift: ....

Burgenländisch-Hianzische-Gesellschaft,
Hauptstraße 25, 7432 Oberschützen
Tel.: 03353 6160, Fax: 03353 6160 20
E-Mail: hianzen@hianzenverein.at,
www.hianzenverein.at

Bankverbindung: Raiffeisenbezirksbank Oberwart
IBAN: AT75 3312 5000 0240 6080
BIC: RLLBBAT2E125

Za ģuida Leitzt ...

Da Faoungaou und da Hearauf
Karin Ritter

Diese Geschichte habe ich von meiner Großmutter gehört. Wie wir Kinder es auch anstellten, wir zogen immer den Kürzeren!

Daou is amul a Fleischhocka gwein, dea houd zwoa Hund ghob. Da uani houd ghoaßn Faoungaou, da aoundari houd ghoaßn Hearauf.

„Va wöllan sull i eing dazöhln?"

Natürlich entschieden wir uns für den „Faoungaou" in der Hoffnung, dass die Geschichte nun endlich beginnen würde, worauf sie fortfuhr:

„Na guid, oft faoung i aou!

Daou is amul a Fleischhocka gwein, dea houd zwoa Hund ghob. Da uani houd ghoaßn Faoungaou, da aoundari houd ghoaßn Hearauf.

Va wöllan sull i eing dazöhln?"

Nachdem wir es etliche Male erfolglos mit dem „Faoungaou" versucht hatten, wählten wir den „Hearauf", worauf sie meinte:

„Na guid, oft hear i auf!"

Lebensraum mit Persönlichkeit

ULREICH
BAUTRÄGER GMBH
WWW.ULREICH.AT

**Hans Jörg Ulreich,
Geschäftsführer**
„Wohnungen zu bauen
ist für mich und mein
Team eine Herzensan-
gelegenheit!"

- Liebevoll sanierte Altbauten

- Zukunftsweisende Neubauten

- Freiflächen

- Eigentum oder Miete

Informieren Sie sich über unsere neuesten Projekte unter www.ulreich.at

Ulreich Bauträger GmbH ist Mitglied der Interessensgemeinschaft Private Immobilienwirtschaft (IGPI).

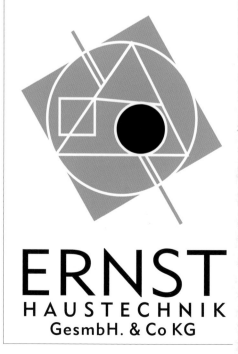